日本と世界のリーダーを育てる教育

世界に羽ばたく大鷲《おおわし》を目指して

大川隆法
RYUHO OKAWA

▲ 2016 年 2 月 28 日 幸福の科学学園（那須本校）
「若者たちが創る未来」（第 2 章所収）

▲ 2018年4月7日 幸福の科学学園（関西校）
「志について」（第 3 章所収）

▲ 2014年4月7日 幸福の科学学園（那須本校）
「世界に羽ばたく大鷲を目指して」（第 1 章所収）

まえがき

日本の学校教育に疑問を持ち、全寮制の中高一貫校を創立して十周年になる。これが那須本校だ。関西校を開いて七周年である。宗教教育機関の一環《いっかん》として千葉にもハッピー・サイエンス・ユニバーシティも創って、四年制では二度目の卒業生を出した。

私自身の人格の一側面として、「教育者」としての面ができてきた。幸福の科学学園の輩出《はいしゅつ》してきた人材は、創立者の予想を超《こ》えた人々だった。信仰心があって、志《こころざし》、熱意、企画力、発表力、体力、芸術性、協調性のある生徒たちがたくさん巣立《すだ》って行った。なかでも国際性は抜群だった。

教育こそが本当の未来事業だと思うようになった。

国際競争力の落ちた日本から、再び新時代のリーダーたちを育てるのは夢だった。若者たちよ、世界に羽ばたく大鷲《おおわし》となれ。信仰のある者こそ、真のリーダーであることを、全世界に向かって叫《さけ》べ。そしてそれを実証してみせよ。

二〇二〇年　五月十五日

幸福《こうふく》の科学《かがく》学園《がくえん》創立者《そうりつしゃ》

幸福《こうふく》の科学《かがく》グループ創始者《そうししゃ》兼総裁《けんそうさい》　大川隆法《おおかわりゅうほう》

世界に羽ばたく大鷲を目指して　目次

第2章　若者たちが創る未来

4
卒業後も新しい道を切り拓《ひら》こう　85

第3章　志について

第4章　生徒との質疑応答

3　自分の人生に自信を持つには　168

第1章

世界に羽ばたく大鷲《おおわし》を目指して

二〇一四年四月七日　説法《せっぽう》

栃木《とちぎ》県・幸福の科学学園中学校・高等学校（那須《なす》本校）にて

1　創立四年で驚異《きょうい》の実績をあげた「幸福の科学学園」

「世界一」になった幸福の科学学園チアダンス部

本法話《ほうわ》の「世界に羽ばたく大鷲《おおわし》を目指して」という演題は、一カ月ぐらい前に頂いていたものですが、ちょうどアメリカ遠征《えんせい》に行ったチアダンス部の結果が出るころでもあり、結果が出ないと非常にやりにくい話になるのではないかと心配していました。しかし、頑張《がんば》ってくださって、本当によかったと思います。

もっとも、中学生の部では、去年（二〇一三年）、今年

幸福の科学学園那須本校のチアダンス部の中学生チームは、2013年にダンスドリル世界大会ジュニア・オープン・ラージ部門で準優勝した。

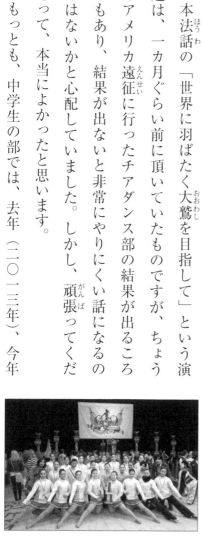

と全国優勝していますし、特に去年は世界大会でも準優勝しているので、当然、今年は国際大会でも優勝を狙《ねら》っていたはずです。国内で優勝してから行ったので、国際大会優勝についても「かなり可能性は高いのではないか」とは思っていました。

一方、高校生の部については、当校の海外研修が重なっていたので、寒いボストン、ニューヨークでホームステイ等の研修をしてから、西海岸のほうへ移っての大会だったのです。そのため、体調の管理、その他、いろいろ難しかったと思います。

また、十日ほど練習ができないこともあり、「かなり厳しいのではないか」と私のほうは予想していたのですが、高校生の部では初めての国際大会準優勝ということで、なかなかありがたい結果でした。

2014年のミスダンスドリル米国際大会で、那須本校チアダンス部は、中学生チームは優勝して初の「世界一」となり、高校生チームは準優勝となった。

それは、先ほど学園理事長や校長の挨拶《あいさつ》でも言っていたとおり、大変なことなのです。新設校で早々《そうそう》にそういうことを成し遂《と》げるという話は、あまり聞いたことがありません。

「中身」で勝負してきた幸福の科学学園

それと同時に、勉強のほうでも目覚ましい成果が出ています。

去年、那須《なす》本校から初めての卒業生が出て、今年は二年目ということになりますが、初年度は東大合格者が二名出ました。さらに、各国立大学においても、合格者がかなり出たわけです。

昨年度は、国立系の受験シフトを敷《し》いていたこともあって、早慶《そうけい》の合格者が出なかったので、「これはいけない」と、早稲田《わせだ》・慶應《けいおう》等の合格用のテキストを新しくつくり、「これをやりなさい」ということで、取り組んでもらいました。

すると、夏以降、頑張ったようで、卒業生九十八人で、早稲田二十四名、慶應五名の計二十九名が合格しました。

ちなみに、一般《いっぱん》の高校のように卒業生四百人程度であったとすると、当校の合格者数は東大八人、早慶百二十人ぐらいのレベルに換算《かんさん》されるので、そうとうの進学校ということになるかと思います。それを開校してから一回目、二回目の卒業生で成し遂げているのです。

「このようにしよう」と思うと、実際にそのとおりになっていきます。チアダンスも、世界で優勝を目指そうとして頑張っていたので、そうなったのでしょう。

こういうことが現実に起きているわけで、学園の校長に対しても、「ミラクル校長だね」という感想を伝えたほどです。「思いが現実に実現してくる」ということが起きていて、しかも、かなり速い速度で出てきています。

もちろん、考え方はいろいろあるでしょうが、マイナスに考えているとうまくいかないし、プラスに考えていると積極的な結果が出てくるようになるものです。

そもそも、幸福の科学学園の創設を考えたときには、「栃木《とちぎ》県の那須の山のなかにつくったのでは、生徒が来ない」という意見が多数でした。「試算したところ、四十人集まればいいほうです」というような話だったのです。

ただ、私のほうは、「それはいくら何でも自信がなさすぎるのではないか。やはり、学校の格は内容で決まるので、中身がよければ、どんなところであっても人気は出るものだ」と述べました。

実際に、欧米《おうべい》の名門校は大都市のなかにはないことが多く、郊外《こうがい》の寄宿舎がついたような所にあるというかたちで発達しています。そういったところの卒業生が国のリーダーになっているので、私は最初から、「中身のほうで勝負だ」と考えていました。

そして、今、結果的には、学園もその方向に向かっているようなので、とてもうれしく思っています。

「信仰《しんこう》」と「科学」を融合《ゆうごう》した教育メソッドづくり

これから先の展望ですが、みなさんにかけられた期待は、そうとう大きいものです。

幸福の科学内部だけの事情で話をするならば、一つには、もちろん、幸福の科学の未来を背負っていく職員や在家《ざいけ》のさまざまな活動家、あるいは大黒天《だいこくてん》等になっていくような、中核《ちゅうかく》人材を育てていきたいと考えています。中学、高校、大学と、連綿と当会の中核人材を輩出《はいしゅつ》し続けて、教団の柱をどんどん増やしていくという考え方もあります。

ただ、それはあくまで内向きの考えであって、外向きの考え方としては、また違《ちが》ったものがあります。「現実の世界において、みなさんに世界の改革を託《たく》そうと思っているところがある」のです。時代的には、今の日本の国における教育に対するニーズにもちょうど合った問題でしょう。

今、日本の教育が少しずつ地盤沈下《じばんちんか》し、国際的に通用しなくなりつつあり、大学の格付けもだんだん下がってきているような状況《じょうきょう》になっています。

それは、日本人がやや内に籠《こ》もるようなかたちになっており、いわば「コップのなかの嵐《あらし》」で、国内だけでいろいろとやっているため、海外で活躍《かつやく》できる人材を出せないでいるということがかなり大きいのです。

したがって、いち早く海外で活躍できるような人材を出せる学校をつくり、そういう教育をする必要があるということで、この幸福の科学学園を始めたわけです。

そして、現実に、当会の考え方が出ることによって、文部科学省のほうも変わってきています。順序は逆になりますが、当会の考えが出て、それに影響《えいきょう》を受け、文科省のほうも変わりつつあり、日本の大学や中高の改革に入っています。

例えば、「いじめ防止法」等についても、当会が出した法案に基《もと》づいて、学校教育のあり方や教育委員会のやり方が変わってきています。

あるいは、今、「大学生で世界に通用する人材を育てようとする国家プロジェクト」が行われていますが、そのもとは幸福の科学学園にあり、私の説法《せっぽう》と本から出ているのです。

実は、それを受けて、教育関係のものが動いているということを知ってください。これが内部の事情です。

そして、日本の教育を復活させ、強くし、世界に影響を与《あた》えるようなものに変えていくことで、今度は世界の教育改革、および、政治の改革、科学、その他、いろいろな領域での改革を行《おこな》っていこうとしているわけです。

確かに、西洋のほうの教育も、科学分野では、ここ百年、二百年でそうとうな進化を示してはいるのですが、その結果、信仰《しんこう》と科学の遊離《ゆうり》が始まっています。

なお、キリスト教はまだ頑張ってはいて、かたちだけですが、日曜日に教会へ行く人はいます。しかし、実際上、科学者たちの心が、かなり信仰から離《はな》れていっているということは言えるでしょう。

そのなかにおいて、当会は、「神仏《かみほとけ》を否定し、天使たちを否定し、霊界《れいかい》を否定して、唯物論的《ゆいぶつろん》なものだけでこの世の発展を考えるような人間をたくさんつくったならば、駄目《だめ》になる」と考え、「信仰」と「教育」、「教育」と「科学」を分離させることなく融合《ゆうごう》しつつ、成功させていくメソッドをつくるべく、活動しているわけです。

2　幸福の科学の「教育の志《こころざし》」

「人づくり」が国をつくり、世界をつくる

今、世界にいる幸福の科学の信者のなかには、「幸福の科学の大学ができる」ということを聞きつけ、「入りたい！」という人が大勢《おおぜい》います。

気の早い人のなかには、自分の大学を辞《や》めようとする人もいるぐらいで、焦《あせ》りすぎないようお願いしているほどなのですが、期待されているものは多いようです。

もちろん、いろいろな国の人が来たときに、それらの人たちに教えられるところまで受け入れ準備をするのは、そう簡単ではないでしょう。英語やその他の外

国語ですべての授業ができるようになるところまで行くには、時間がかかるかと思います。

ただ、留学したいと思っている人たちが、世界中にたくさんいるということは知ってください。

今、来年（二〇一五年）の幸福の科学大学開学に向けて、いよいよ最後の追い込《こ》みに入っているところです。

さまざまなことを述べましたが、幸福の科学学園の文明実験は、意外に大きな影響《えいきょう》を与《あた》えているということを知ってほしいと思います。今、国のほうで行おうとしつつもまだ十分にできないところを、当会が先行して行《おこな》ってみせようとしているわけです。やはり、「社会改革」と「国の改革」の先駆者《せんくしゃ》でありたいと思っています。

今から百五十年ほど前の長州藩《ちょうしゅうはん》、現在の山口県の萩《はぎ》のほうに、「松下村塾《しょうかそんじゅく》」と

●幸福の科学大学開学……　その後、2015年4月に「日本発の本格私学」である「ハッピー・サイエンス・ユニバーシティ（HSU）」として開学した。

いう小さな塾がありました。掘《ほ》っ立て小屋のような小さな塾において、吉田松陰《よしだしょういん》という人が一年半ほど教えて、そのなかから逸材《いつざい》が数多く出てきたということで、いまだに語り継《つ》がれています。「松下村塾から出た多くの人材が、明治以降の近代国家をつくった」ということで知られているわけです。

もし、現代人がタイムマシンでその時代に戻《もど》って勉強できるのであれば、松下村塾のなかにはとても入り切らなくて困るだろうと思います。「いくら何でも、これはないでしょう」という感じかもしれません。

今ある松陰神社の境内《けいだい》は大きいのですが、松下村塾自体は平屋《ひらや》建て一軒《けん》ぐらいの大きさでした。そのため、後《のち》に総理大臣になったような人が、縁側《えんがわ》に座《すわ》らせてもらえるかどうか分からないぐらいの、下のほうの格付けで座っていたそうです。それだけの学歴で総理大臣になっているわけです。「志《こころざし》や内容の中心になるところの考え方がいかに大事か」ということが分かります。

要するに、「人づくりが、すなわち国づくりであり、世界づくりにもなっていく」ということを知ってほしいと思います。

これが、私たちの志です。

大学教育での将来構想を語る

とはいえ、松下村塾に比べれば、幸福の科学学園ははるかに大きな規模ですし、大学までできようとしています。

大学（ＨＳＵ）は、最初はとりあえず三学部（「人間幸福学部」「経営成功学部」「未来産業学部」）でスタートします。当会の強みを生かした学部が三つできて、それから先は、今のところ八学部ぐらいまで広げていく予定を組んでいます。

そして、最初につくる学部から、さらに分化《ぶんか》していく予定です。

例えば、「人間幸福学部」という宗教の強みを生かした学部のなかには、国際コースもありますが、やがて国際学部として独立するでしょう。

あるいは、「経営成功学部」のなかには「未来創造コース」がありますが、これも、「未来創造学部」といって、法学・政治学系で独立していくと思われます。

それ以外には、教員を目指している人も多いので、教育学部は要《い》るでしょう。あるいは、医学部も将来的にはどうしても必要だと感じています。

今、病院に行っている人は非常に数多いのですが、そのなかで、あまりにも行きすぎた唯物論《ゆいぶつろん》的な診療《しんりょう》と治療の仕方をされていることに違和《いわ》感を感じるものは、そうとうあります。やはり、人間を機械のように扱《あつか》ったり、物質として取り扱ったりしている部分がかなりあるのでしょう。

そうしたものが真実であるならば、それでもよいのですが、真実ではありません。実際には、魂《たましい》が宿っているわけです。

ただ、そういうことは医学部の教科書には何も載《の》っていないので、機械を直す

●「未来創造学部」といって……　その後、2016年４月に「未来創造学部」（「政治・ジャーナリズム専攻コース」「芸能・クリエーター部門専攻コース」）を新設した。

ように治そうとしている状態で、「いったん壊《こわ》れたものは、もう治らない」と思っているケースがほとんどでしょうから、真理が入った新しい医療を立て直さなければいけないと考えています。今、教えられていることが「事実」ならばよいのですが、「事実ではないもの」を真理として教えるのは問題があります。

そこには、人間自身が持っている治癒《ちゆ》能力を引き出す力も加えなければいけませんし、医療のなかで、「魂」と「肉体」との関係をもう少し明らかにしていかなくてはならないと思います。

例えば、心の病《やまい》とされるものには、霊的《れいてき》な影響の出ているものがそうとうあるのですが、宗教と分離《ぶんり》しているために治せないでいる部分が、かなりあると言えるでしょう。

また、終末医療について、末期で亡《な》くなっていく人に対する医療の仕方については、非常に問題が大きいと思います。

「あの世に旅立つ」という考え方があれば、終末医療のやり方はかなり違ったものになっていかなくてはならないところですが、現状では、「単に〝機械〟としての寿命《じゅみょう》を少しだけ延ばす」ということのみに一生懸命《いっしょうけんめい》になっているような状《じょう》況《きょう》があるのです。これは、もう一段、真理を学んでもらう必要があるのではないでしょうか。

そういうことで、現時点の幸福の科学学園では大学合格実績がかなり出ていて、全体としては文系七割、理系三割の比率になってはいますが（説法《せっぽう》当時）、理系の人にも真理を学んで医者になってもらえるよう、将来的には医学部をつくっていかなければいけないと考えています。

そういう意味では、幸福の科学学園の那須《なす》本校や関西校、仏法真理《ぶっぽうしんり》塾「サクセスNo.《ナンバー》１《ワン》」で学ぶ人たちからも医学部の合格者を出し、医療の勉強をしてくださるとありがたいわけです。後々《のちのち》、幸福の科学大学の医学部のほうに入れるような流れをつくり、手伝ってもらえるように、戦略を組んでいきたいと思います。

3　人間の条件である「信仰《しんこう》」を柱とする教育

「新しいものを共につくる現場」への参画《さんかく》は貴重な経験となる

もちろん、自分の就《つ》きたい職業に関係する学部がＨＳＵにはなく、他大学へ行きたい人は、いろいろなところを受けてもらって構いません。

ただ、幸福の科学学園の中・高の卒業生は、できるだけＨＳＵに入れるようにしたいと考えています。

ちなみに、文部科学省の杓子《しゃくし》定規の考えでいくと、「大学定員の半分以上の内部進学は認められない」というような基準があるらしいのです。

そうすると、一年目は那須《なす》本校にしか卒業生がいないので、極《きわ》めて有利に入れますが、二年目から関西校にも卒業生が出てくると、定員にほぼ近づいてくるので、かなり厳しい状態になってきます。そのため、半分ではあまりよくないわけです。

中高一貫《いっかん》校で寮《りょう》での共同生活をしているのに、半分前後しか受からないということになると、仲が悪くなる傾向《けいこう》が出てくるかもしれません。

それはあまり望ましくないので、数年間は大学経営の経験をした上で、将来的には学部を増やしていくつもりです。そうすると、入れるようになるでしょう。

もっとも、実力で確実に大学に上がれるのは、半分から六割程度だと思われます。ただ、残りの人たちも、一芸入試やＡＯ入試、小論文、面接、あるいは信仰《しんこう》心《しん》など、とにかく何かしら〝売り込《こ》めば〟入れるようにしようと努力していきます。真面目《まじめ》に勉強している人は、できるだけ大学に入れるようにしたいと考えているわけです。

というのも、幸福の科学学園の中学・高校生は、私たちにとっては「宝物」であるので、惜《お》しくて惜しくて、外へは簡単に出したくないのです。

例えば、中学でもオーストラリアなどへ研修に行かせていますし、高校でもボストンやニューヨーク、西海岸へホームステイに行かせたりしています。

これは選抜《せんばつ》ではありません。全員に行ってもらっているわけなので、当会にとって幸福の科学学園のみなさんは、「エリートの卵」だということです。教団の将来において、大きな大きな柱になっていく人たちなのです。「せっかく三年ないし六年かけて教育したみなさんがたを、そんなに簡単に、ほかの大学に取られてなるものか。そうとうの投資をかけてやっているのだから、簡単にスッと持っていかれてたまるか」と思っています。

もちろん、すでに百年以上の伝統を誇《ほこ》っている大学と比べると、HSUに実績はありません。まだ卒業生が活躍《かつやく》していないし、何がどういうふうになるか分か

●まだ卒業生が……　HSUは、すでに2度にわたり卒業生を世に送り出している。なお、2期生の就職内定率は98パーセントとなっている（2020年5月時点）。

らないという意味での不安感はあると思います（説法《せっぽう》当時）。

ただ、幸福の科学学園の中高と同じように、ＨＳＵもまた、教員と学生、そして教団も加わり、一同で力を合わせて新しくつくっていくかたちの学校になるでしょう。「共につくっていく現場に参画《さんかく》しながらやっていける」という意味で、非常に貴重な経験ができるだろうと考えています。

今、当校の中高において、在校生として、つくっていくところを経験している大勢《おおぜい》の人がいるわけですが、こうした新しいものができていくところを体験することは、将来、みなさんが企業《きぎょう》をつくっていったり、新しい事業を始めたりするときにも、大いに役立つはずです。貴重な貴重な経験になりますし、これはあまり経験できないことだと思います。

信仰《しんこう》に基《もと》づき、善悪を考えて行動するなかに「人間の向上」はあるまた、普通《ふつう》は、「経営の勉強は、学校で教えることはできない」と言われています。

ところが、唯一《ゆいいつ》、全寮制の学校においては、「生活」と「勉強」、「部活」や「生徒会」などが一体化して行われていて、生徒の自主・独立性を養いながら自分たちでつくっていくので、起業家やリーダーをつくるのには非常に適しているのです。

ちなみに、世界の常識では、「経営者の後継者《こうけいしゃ》をつくりたければ、寄宿舎がついている一貫校で教育して、できれば宗教的な人がリーダーとして教えている、道徳教育もしっかりとできるようなところに預けるのがいちばんよい。そうすると、モラルもあって、人々を動かせるようなよい人材が育っていく」と言われています。

私は、このメリットを最大限に生かしたいと思います。

みなさんはいろいろな模試を受けて、成績がよかったり悪かったりするでしょうが、それでは〝測れないものがある〟ということを、どうか知ってほしいのです。

その「測れないもの」とは、一つには「人間力」であるし、もう一つには「信《しん》仰《こう》の価値を知っているかどうか」ということです。これは大きなことだと思います。

今の日本ではほとんど問われていませんが、先進国のリーダーにおいては、「信仰心を持っていない」ということは、「動物に近い」ということを意味しており、恥《は》ずかしいことなのです。

例えば、外国で入国審《しん》査《さ》を受けるときに、書類の「宗教」の欄《らん》に何もないと、

「怪《あや》しい」と疑われるのが普通です。信仰心を持っていないと、「人間の条件」に適しているかどうかを疑われます。これが世界の常識なのです。

つまり、今の日本における「戦後の常識」は、「世界の非常識」だということです。「信仰を持っていないほうが普通で、持っている人は怪しい」と見るのは、完全におかしい教育なのです。これに基《もと》づいて、教育学部での学びやマスコミの報道等がなされていますが、世界の常識に完全に反しているわけです。

やはり、人間の行いには間違《まちが》いが数多くあるので、「人間を超《こ》えたものが見ている」という前提の下《もと》に、「善悪の判断」「正義の判断」というものがなされるべきでしょう。それが何であるかを追究し、考え続け、反省を積み重ねながら行動していくなかに、「人間の向上」があると考えられているわけです。

それなくして、片や、「この世の多数決で決めたものが最高だ」という原理に基づいてのみ考えるならば、間違いがあると思います。

今、日本で政治の最終形態の一つと思われている民主主義も、西洋的な文脈においては、神様が上にいらっしゃることになっています。要するに、神様があっての民主主義なのです。「神様が創られた子供としての人間が、自分たちのリーダーを選んで自治をしていく」というのが民主主義であって、「神なき民主主義」というのは、非常に危険な面があるわけです。

「神なき民主主義」になると、この世がすべてになるので、リーダーになる人が自分の権力を全《まっと》うするために、邪魔《じゃま》になる人をすぐに死刑《しけい》にしたり、収容所に送り込んだりするようなことが平気で行われるようになると思います。これが、「共産主義」といわれる国の実態なのです。

例えば、北朝鮮《きたちょうせん》等では、国に逆《さか》らうような人はみな「死刑」にしていきます。ああいうことが行われるようになっていくのです。

したがって、こういうことが行われないためには、やはり、「神様がいて、その命の一部を人間に吹《ふ》き込んだ」という考えがあって、それぞれの人には、「基本的人権」という極めて大事なものが与《あた》えられているということを知ってほしいと思います。

もちろん、人によって、立場や社会的な尊敬度、収入などは違うかもしれませんが、これがあることによって、「たとえ大統領であれ、一庶民《しょみん》であれ、人間としては平等なのだ」という考えが成り立つわけです。

信仰《しんこう》に裏打ちされた「できる人材」の供給が世の中に必要

信仰《しんこう》というものをなくして、民主主義が成り立つと思っている人たちは、「間違った結果平等主義」か、「社会主義」、「共産主義的な考え方」となっていきます。やがて、党のエリート等の一部の特権階級だけが仕切り、それに反対する者が順番に粛清《しゅくせい》、死刑にされていったり、政治犯として収容所に入れられていったりするような独裁国家が出来上がるのです。

したがって、独裁国家をつくらないためには、信仰というものが極めて大事なのです。

また、独裁者が現れるとき、それに抵抗《ていこう》する勢力はたいてい宗教なのです。教会やお寺などは、人々が救いを求めてくる所です。また、人々をかくまうのも教会やお寺です。

そのため、場所によっては、要塞《ようさい》のようになっている教会が西洋などではあるわけです。例えば、軍隊に攻《せ》められることがあったので、山の中腹に教会をつくり、要塞のように立て籠《こ》もれる所もあります。

信仰というのは、それだけ地上の権力に侵《おか》されやすく、護《まも》らなければいけない面も強くあるということです。

ただ、私は、現代において主流であるところの、「自由と民主主義の考え方」

を基調にした世界観を発展させていこうと思っています。足りないのは、「信仰に裏打ちされている」という部分だと思うのです。

逆に言えば、今、日本に必要なことは、信仰を持っている人が世の中の人からバカにされるのではなく、尊敬されるような立場に立っていくということです。尊敬されるような仕事ができるということが、必要なのではないでしょうか。

例えば、会社のなかで、「あいつは信仰を持っているから、おかしい」「使えないね」などと言われたり、「上司にすることはできないね」「出世させられないね」と言われたりするようでは困るわけです。

やはり、「信仰を持っている人たちが立派で、感化力があり、多くの人々を引っ張って、導いていける」という感じになっていかなければなりません。

そのためには、神様の目から見てもおかしくない、しっかりとした人間を育てると同時に、この世においても、その人が行くと、どんどん仕事がはかどって、周りの人たちも喜び、感謝してくれるような人材を供給していくべきでしょう。
実際上、〝使える人材〟をつくらなくてはいけないと考えているわけです。

4 〝超《ちょう》・超エリート教育〟としての英語教育

「英語の学力」には二種類ある

ＨＳＵの英語教育については、大学生から大学生のさらに先にあるところまで、教材をつくり終えています。実際に外国の大学に留学したあとでも役に立つレベルまで出来上がっているため、実は、ＨＳＵで勉強をするだけで、「留学はしなくてもよくなるほどの学力がつく」というところまでのものが用意されているわけです。

これは、やがて何年かすれば分かると思いますが、おそらく、「ＨＳＵの卒業生は、並外《なみはず》れてできる」という評判が立つはずなのです。

数年後には、「日本の大学を卒業していても、外国の大学を卒業した人に勝てるぐらいの学力がある」ということが分かることになると思います。実は、システムとしては、すでにそのレベルまで組み込《こ》んであるのです。

これは、日本においては〝超《ちょう》・超エリート教育〟です。

宗教団体がつくった学校なので、外部の人は勧誘《かんゆう》しにくい部分もありますが、悪いことをするわけではなく、よい方向に進もうとしているのです。ちょっと失礼して、実質上の〝飛び級〟をたくさんさせていただき、これから先に本当に必要となるものをどんどん入れていっています。

これは、私自身の体験にも基《もと》づいているのです。

私自身、日本の教育で普通《ふつう》に勉強をした者としては、高校一年、二年と、英語をはじめ、学校の勉強はよくできたのですが、高二あたりから、何らかの違和《いわ》感のようなものを感じるようになってきました。

この違和感というのは、「英語の学力には、どうも二種類あるようだ」ということが分かってきたところにありました。

つまり、「学校でよくできて、受験に役に立つ」というかたちでの英語の学力と、それとは別に、いわゆる「実用英語」、実社会に出て仕事をするときに使える英語、役に立って通用する英語というものがあるということです。これがどうも、学校の英語と若干違《じゃっかんちが》うらしいということを、今から何十年か前の高校時代には、すでに感じていました。

この〝二種類の英語〟を勉強しようとしても、何だか合わないのです。「実用英語風の勉強をすると、学校の英語の成績のほうが下がっていき、学校の英語のほうを中心に勉強すると、実用英語のほうは遠ざかっていく」というような関係があり、実にうまくいきません。

このことに関しては、その後、いろいろな論争もありました。「十年も勉強しているのに、日本人は英語が使えない」というようなことをだいぶ言われるようになり、多少はリスニングやスピーキングの授業を入れたり、ネイティブの先生を入れたりするようなことも増えたと思います。今は、私のころよりもかなり改善されてはいるものの、根本的にはまだ残っているものがあると感じます。

日本の英語教育には、昔の漢文や古文を読み下して解釈《かいしゃく》するようなかたちでつくり上げられているものがあります。これはこれで、日本人の思考に合った勉強の方法ではあったので、一定の学力であることは間違いないのですが、そのままでは通じないのです。

高校時代に英語の週刊誌や新聞を読んだことの功罪

実は、私は高校時代に、「タイム」や「ニューズウィーク」といった英語の週刊誌等を読んで勉強していました。当時、アメリカから直接送ってもらう直輸入型で入手し、さらには英字新聞なども読んで勉強していたのです。しかし、英語としてはレベルの高いものを学んでいるはずなのに、学校の勉強や受験勉強に関しては、どうもマイナスに働くようなことが多いということに対して、実際に苦しんだことがあるわけです。

私が実用英語の世界のほうで勉強しようとしていたことは、今で言えば、いわゆる英検一級以上のレベルのものだったようです。そういうものに、高校時代に手を出していたらしいことが分かりました。

そのため、上のことを学べば学ぶほど、学校の勉強との違いが大きくなり、参考書と問題集中心の勉強とはズレが生じてきて、ずいぶん苦しんだのです。

しかし、その後、何年かたって、商社勤めを経験し、実際に海外赴任《ふにん》をしてみて初めて、「どうも、自分の学力はほかの人とはだいぶ違うらしい」ということが分かりました。「同じようなレベルの大学を出ていても、ほかの人はそれほどできないらしい。私は、ほかの人とは違う英語を勉強していたらしい」と気づいたのです。

かつては、ここのところがはっきりしなかったのですが、今はかなりすっきりしつつあり、全体的に使える英語のほうを目指すようにはなってきています。

私は、中高一貫《いっかん》校、そして大学までつくることによって、この英語の勉強を、無駄《むだ》のないかたちで、実際に社会へ出てからも役に立つようなものにしたいと思うのです。

「実社会で使える英語」を身につけるシステムを幸福の科学学園では組んでいる

例えば、政治家にしても、英語が話せるかどうかというのは大きなことです。

プライベートな面で話ができるか、あるいは、公式の面でスピーチができ、質疑応答ができるかといったことは、非常に大きなことなのです。

日本の首相などでも、書いたものを用意していれば、いちおう、それを読み上げることぐらいはできても、質疑応答のように自由なスピーチになると、まずできません。そのレベルまでは行っていないのです。

しかし、そのレベルまで行かないと、やはり、世界のリーダーにはなれません。自由に話ができるレベルまでは頑張《がんば》らなければいけないのです。

実際に、ＣＮＮ等でさまざまな国の人にインタビューをしているものを観《み》ると、リーダーまで行かなくても、英語で答えている人はいくらでもいます。

ところが、日本には、英語で答えられる人はほとんどいません。一部の経済アナリストのように、国際情勢の分析《ぶんせき》をしている人のなかには、多少話せる人が出てくることも、たまにはあります。しかし、そもそも、海外メディアの日本支局すら満足になく、日本の経済状況《じょうきょう》を中国人のレポーターが伝えているというようなこともあるわけで、これは非常に恥《は》ずかしい状況だと、私は思っています。要するに、出せる人がいないということでしょう。

その意味では、ここはやはり、もう一頑張りして、実際に使える英語を教え込む必要がありますし、幸福の科学学園でも、そのためのシステムを組んでいるわけです。

さらに、幸福の科学では、教団として世界百カ国以上への伝道をする目標があるので、今後、ＨＳＵにおいても、英語以外のさまざまな言語をやっていくだけの準備もしたいと考えています。したがって、みなさんには、少しずつ少しずつ、どこか得意な分野をつくってほしいのです。

当教団は二千人近くの職員がいますけれども、これから先、世界各国に支部・精舎《しょうじゃ》が次々と広がっていくと、おそらく、職員の半数は海外勤務等になるのではないかと思うので、そうした外国語を使えるということは、ものすごく大事になっていくでしょう。

したがって、私たちは、単に「試験にパスする」とか、「有名大学を卒業した」などという程度で満足できるレベルを要求しているわけではありません。

例えば、私が入社したころの商社での話ですが、いわゆる一流大学、超一流大学を卒業した人であっても、驚《おどろ》くことに、英検を受けると、二級ぐらいでもパタパタと半分ほどは落ちていました。要は、そうした「実用の英語」とまったくかけ離《はな》れたことを勉強していたということです。

それは、学校の先生がたが、自分の研究しているものを教えるだけだったからでしょう。シェークスピア等の文学作品などを教わるだけでは、実際に社会に出たときにビジネスで使えるような英語は身についていなかったことを意味します。

つまり、もう一回、自分で勉強しなければいけないような状態であるわけです。

幸福の科学学園等では、こういうことがないようにしたいと思っています。

5 「偉大《いだい》なる成功」のために必要な元手《もとで》とは

「信仰心《しんこうしん》・情熱」「努力」「チームワークで成果をあげる力」

みなさんは、新しい気づきを得なければなりません。この学校でやろうとしているることの本質をつかんでほしいと思います。すなわち、「偉大《いだい》なる成功のためには、ある意味での元手《もとで》が必要だ」ということです。

では、その元手とは何でしょうか。

一つには「信仰心《しんこうしん》」です。また、「信仰心に基《もと》づく情熱」です。

さらに、「日々の積み重ねの努力」「個人個人の日々の努力」です。

そして、それだけではなく、先ほど紹介《しょうかい》したチアダンス部が見せたように、

「チームワークによって、みんなの力を合わせて成果をあげる力」などもそうでしょう。

この「みんなで成果をあげる力」で、総合的な大きな結果を出していき、「自分の喜びは、みんなの喜びである」「自分の成功は、みんなの成功である」「みんなの成功は、自分の成功である」ということを分かち合えるような心境を味わうと、これが大きな経験になると思います。

今、都市部では、塾《じゅく》に通って名門大学などへ行っている人も大勢《おおぜい》いますが、みな、極《きわ》めて個人主義的です。個人の成功だけを考えている人がかなり多く、偏差《へんさ》値《ち》が上がれば上がるほど、「個人主義」になり、「自己中心主義」になるのです。

そのため、宗教的な考えと合わなくなってくるわけです。自分中心になって、自分に有利なほうへ有利なほうへと考えていき、ほかの人とは距離《きょり》を取って、「どのようにすれば自分が勝てるか」ということを考えるようになってくるからです。

しかし、そういう考え方であっては、「ユートピアの世界」は決してできません。

例えば、チアダンスでも、みんなで一緒《いっしょ》に演技しているので、たった一人が失敗しただけでも全体のミスになり、たちまち賞を逃《のが》してしまうようなことになります。

ですから、自分のためだけにやっているように見えても、実は自分のためだけではなく、みんなのためにやっているのです。また、みんなは、それぞれほかの人のためにやっています。これで成功をして、優勝や準優勝を勝ち得ているわけです。

どうか、こうした体験をしてください。

自分の成功が、友達や学校の成功になり、教団の成功にもなる。そして、それがまた、自分自身の成功にもなる。そういう気持ちを味わってほしいのです。

毎日、着実な努力を重ね、全体の心を一つにして前進せよ

また、本法話《ほうわ》をお聴《き》きの保護者、あるいは、そのお知り合いのみなさんのなかには、会社にお勤めだったり、会社を経営したりしている方も数多くいらっしゃるだろうと思います。みなさんの会社にも、一九九〇年ごろから当会の信仰に目覚めてつくられたものや、どんどん快進撃《かいしんげき》をして、テレビ等にも紹介されている会社がたくさんあります。これから、もっともっと大きくなっていただきたいと思います。

幸福の科学学園の卒業生たちは、そのための人材でもあります。一部には幸福の科学の職員になる人もいると思いますが、幸福の科学に関係している会社にとっての、重要な幹部要員の供給源だと、私は考えています。

信頼《しんらい》でき、実際に有能で、世の中に通用する人間を育てますので、どうぞ、み

なさんの会社を大きくし、幹部要員として登用してください。そうすれば、もっともっと大きな会社になることでしょうし、さらには、世間《せけん》が、「国際企業《きぎょう》、世界企業を目指すなら、幸福の科学学園の卒業生、あるいはＨＳＵの卒業生を採用するに限る」と言うようなところまで持っていきたいのです。それは、必ずや可能なことであろうと思っています。

そうした未来を目指して、一人ひとりが頑張《がんば》っていき、全体の心を一つにしながら前進していくことが大事だということです。

「思い一つが、世界に花を開かせることになるのだ」ということを、どうか、この学園で学び、そして、「毎日毎日は、確実な、着実な努力に支えられているのだ」ということを学んでくだされば幸いです。

先輩《せんぱい》に続き、みなさんも、ぜひとも、よき学園生になることを心の底よりお願いします。

第2章

若者たちが創る未来

二〇一六年二月二十八日　説法《せっぽう》
栃木《とちぎ》県・幸福の科学学園中学校・高等学校（那須《なす》本校）にて

1　構想十年、創立六年を振《ふ》り返って

幸福の科学学園の構想から十年がたって思うこと

二〇一〇年四月、幸福の科学学園の第一回の入学式を、ちょうどこの講堂（大川隆法記念講堂）で行い、そのときに私の話を聴《き》いていたみなさんが、このたび卒業を迎《むか》え、私としても感無量《かんむりょう》です。

そのときの話は、『真のエリートを目指して』に収録されていますが、最初の入学式のときに、「幸福の科学学園が成功するかどうかは、一年後に五割ぐらいは分かるだろう。そして、三年後、高校から入学した人が卒業するとき

『真のエリートを目指して』（幸福の科学出版刊）

に、また第二段階の判定がされ、最終的に、今回、学園に入学した中学一年生が、六年後に高校を卒業した段階で、学園の評価はだいたい定まるだろう」というようなことを述べたことを思い出します。

その「六年後」が来たわけですが、幸福の科学学園の六年間は、みなさんにとっては、いったいどうだったでしょうか。よかったか、悪かったかは、各人それぞれかもしれません。

ただ、その六年前の入学式法話《ほうわ》のときは、昼食後ということもあって、コックリコックリと寝《ね》たり、あくびをしたりする人も何人かいて、私にとっては、かつてない困難な講演会であったことを覚えています（会場笑）。「中学一年生というのは、こんなに手強《てごわ》いのか」と思ったものです。

やはり、中一生を寝かせないようにするには、ものすごく技術が要《い》るわけです。「寝始めたら、言葉を易《やさ》しくして分かるようにしなければいけない」と思いながら、実は、普通《ふつう》の講演会では味わえない恐怖《きょうふ》を味わいながら、話をさせていただきました。

今、その内容を振《ふ》り返ってみると、やはり、中一の人にはやや難しかったのかなと思うところもあります。

那須塩原《なすしおばら》駅から幸福の科学学園まで冬枯《ふゆが》れの野を車で向かうとき、辺《あた》りに見えるのは、どこも稲刈《いねか》りをしたあとの田んぼばかりです。このなかをずっと走ってくると、ここに幸福の科学学園があるということが、少し信じられないような気持ちになります。

「幸福の科学学園を建てよう」と構想したのは、開校よりも十年も前のことになります。私は、「幸福の科学学園をつくろう」と思い、「幸福の科学総本山《そうほんざん》・那須精舎《しょうじゃ》の境内地《けいだいち》には山の部分がそうとうあるから、ここを崩《くず》して、最初の学校をつくろう」と考えたのですが、そのとき、学園が建っているビジョンが見えたのは、私一人しかいませんでした。誰《だれ》に相談しても、「無理です」という反応ばかりで、「狸《たぬき》や狐《きつね》じゃあるまいし、こんな所に住めるはずがない」という意見だったのです。

また、「せめて電車が通っている所にしてください」というような意見も強くありました。子弟《してい》を抱《かか》えている当会職員も大勢《おおぜい》いたこともあり、幸福の科学学園ができたら、自分の子供を入れたいと思う人も多かったのでしょう。そのため、「こんな場所ではたまらない」という気持ちだったのかもしれません。

ここは寮《りょう》と学校が一体化したところですけれども、建ってみたら建ってみたで、「住めば都《みやこ》」と言うべきでしょうか。山のなかの全寮制で、しかも男女共学という、非常に難しい条件下での開校ではありましたが、何とか現在に至っています。

これは、学園理事長や常務、校長、その他、教員のみなさん、スタッフのみなさんのご努力の賜物《たまもの》かと思っています。私には構想、思いだけはありましたけれども、具体的に日々の行動を積み上げてくださったのは、学園にかかわったみなさんです。

開校当初の予想を超《こ》える部活の活躍《かつやく》や、勉強面での健闘《けんとう》

幸福の科学学園の開校当初には、ずいぶん大きな希望を述べたところもあったと思います。実際には、私が思ったほどには行かなかったところもあれば、思ったよりも先まで行ったところもある六年間だったのではないでしょうか。

「通学のための時間が要らない分、プラスアルファで、塾《じゅく》で行うような勉強の部分を学校の勉強に入れたとしても、部活をすることぐらいはできるだろう」という読みはしていたのですけれども、その部活面では、一学年百人程度の小さな学校にもかかわらず、予想外にかなりの活躍《かつやく》をしています。これは予想を超《こ》えていたので、ちょっと驚《おどろ》きました。

●宗務本部　幸福の科学の総裁まわりの仕事をするセクション。男性スタッフも女性スタッフも、秘書機能を持ちつつ、本質的には霊域《れいいき》の結界《けっかい》を護る巫女《みこ》的な役割を担っている。

東京にある名門校に、海城《かいじょう》中学校・高等学校という一貫《いっかん》校がありますけれども、そこの卒業生でもある宗務《しゅうむ》本部長に訊《き》いてみても、「母校は百何十年の歴史があるが、トロフィーなるものは二、三個しかなかった」と言っていたのです。

ところが、幸福の科学学園は、最初からトロフィーの山のようになっていったので、これはかなりすごいことであり、私の予想を超えていました。

一方、勉強のほうは、もう少し上振《うわぶ》れするぐらいの予想を立ててはいたのですけれども、やや厳しかったようです。

ただ、それでも、そうとうの健闘《けんとう》をし、週刊誌等によれば、確か、二〇一五年の早稲田《わせだ》大学の現役《げんえき》合格率は、全国でベスト三十に入っていました。これが、卒業生が出始めて三年目ぐらいの実績なので、そうとうなものです。

また、東大合格者なども、卒業生を出した初年度から出ています。

ちなみに、私の長女は豊島岡《としまがおか》女子学園を卒業しています。今では偏差値《へんさち》七十以

●**早稲田大学の……**　2016 年度の早稲田大学の現役合格率は全国 11 位だった。

上で桜蔭《おういん》学園などとも並ぶ名門女子校となっていますが、ここも、創立百三十年近くの歴史のなかで、東大の合格者が出たのは創立から百年近くたってからのようです。一九九〇年代あたりからやっと出始めて、創立後百年間ほどは出ていないと思います。

そのように、出ないときには全然出ないものなので、最初から出たというのはすごいことだと思います。

幸福の科学学園の生徒も、今年は、那須本校からは十人ほど、関西校でも三人ほどが東大を受けたと聞いています。計十三人は受けたということですから、確率としては四人前後が受かることになりますが、記念受験の人がいる可能性もあるので、もしかしたら、この一般《いっぱん》確率は当たらないかもしれません。いずれにせよ、今までに比べれば、過去最高に受かる可能性のある年だと思っています。

特に今年は、中学からの六年間、当学園で勉強した人が初めて卒業する学年で

●計十三人は……　2016年度東京大学の受験倍率（募集定員に対する受験者の比率）が3倍程度であり、13人受けると4人前後の合格者数となることが予想されるが、実際の幸福の科学学園の那須本校と関西校を合わせた東京大学の合格者は6人と予想を超え、実績としても過去最高となった。

あり、「過去最高に優秀《ゆうしゅう》なのではないか」という下馬評《げばひょう》が立ってはいるのですが、それには希望的観測もありますので、今後、甘《あま》くならないためにも、あまり言いすぎないようにはしたいと思います。厳しい結果も、また、ビシッと受け止めてもらって結構です。

2　大学生や社会人として必要な能力とは

中高時代に成績優秀《ゆうしゅう》でも、大学以降は世間《せけん》の評価が変わってくる

これから、「未来」についての話をしたいと思います。生徒のみなさんにとっての近未来には、もちろん、卒業後の数年から始まる、大学ないしは社会人への道等が待っているでしょう。

高校生ぐらいまでは、勉強のできる子はよくほめられます。先生がたもほめてくれますし、友達や身内の人もほめてくれますので、非常にうれしいことでしょう。

それは、幸福の科学学園だけのことではなく、一般《いっぱん》的にもそうです。全国どこ

の学校を見てもそうですし、公立の中学・高校から進学校といわれるようなところでも、みなそうです。勉強ができれば、よくほめられます。それから、もちろん、スポーツで優勝したり、いろいろなところで活躍《かつやく》した人もほめられます。また、いろいろな文化活動で表彰《ひょうしょう》を受けた人々もほめられます。それは、学校としては、ごく普通《ふつう》のことであるので、特に間違《まちが》っているわけでも何でもなく、当たり前のことです。

しかし、大学に入り、それから社会人になっていく場合には、若干《じゃっかん》違った見方をされることがあります。

中学校や高校などでは、少数の先生によって多くの生徒を教えていることもあって、基本的には、できるだけよく話を聞いてくれ、よくマスターしてくれて、手のかからない子供がほめられやすいところはあるでしょう。しかし、大学に入って自分の判断で自由に活動ができるようになったり、あるいは、社会人になって大勢《おおぜい》の人の目にさらされたりするようになると、世間《せけん》の見る目は少し変わってきます。このあたりの切り替《か》えを間違わないようにしてください。

高校までは、よく勉強ができ、先生の授業をよく聴《き》いて、真面目《まじめ》にノートを取り、よい成績を取った人がほめられますけれども、大学あたりでやや変わってくるのです。

例えば、東大合格者数が三十年以上も日本一の開成学園《かいせいがくえん》では、優秀《ゆうしゅう》な成績で高校を卒業した人、つまりトップの人は「黒田賞《くろだしょう》」という成績優秀賞をもらいます。ところが、そのなかには、卒業後、東大の理Ⅰに入ったものの、大学一年目あたりで〝失速〟を始め、ゼミに入っても、先生からは、ほかの学生たちと特に差をつけてもらえずに扱《あつか》われているうちに、だんだん〝埋没《まいぼつ》〟してきたという人もいるようです。

では、何が違ったのでしょうか。

開成は、一学年に四百人もいる学校ですが、ここでは、先生がたの授業の内容をしっかりノートに取り、答案をしっかり書くと、よい成績が取れてトップで卒業できますし、おそらく、大学もよい成績で受かるのでしょう。

しかし、理科Ｉ類などの千百人もいる集団のなかへ突如《とつじょ》入ると、埋没してしまうこともあるわけです。私自身も、「開成のトップが埋没するなどということは、さすがにないのではないか」と思っていたのですが、実際にそういうことがあったようです。「自分は、ほかの人とまったく代わり映《ば》えのしない普通の凡人《ぼんじん》だ」という感じになってしまったのです。

要するに、高校までは「真面目に授業を聴いて、受け身で勉強をし、答える」というかたちでの勉強の仕方をしていたのに対し、大学のゼミでは、自分で思いついて企画《きかく》し、発表したり提案したりすることができないと、「あいつはバカだ」「黙《だま》って聞いている人というのはバカだ」というように思われるわけです。

一方で、別の学校から来た人たちは、「はい！」「はい！」という感じでいろいろ言ったり、自分の面白《おもしろ》い考えを出したりするので、そういう人たちがすごく頭のいい人のように見えてきて、その開成でトップだった人は、「自分が受けた教育はいったい何だったのだ」ということが心配になってきたといいます。結局、理科Ⅰ類を辞《や》めて、もう一回、受験して文科Ⅲ類に入り直し、教育学部に行って、「自分の受けた教育が正しかったのか」ということを検証し、さらに卒業後は、学習塾《じゅく》の先生になったそうです。その人は、その体験記を、四十五歳《さい》ぐらいのときに、本にして出しています。

普通の予想では考えられないような感じですが、「自分の受けた教育が正しかったのかどうか」を、教育学部に入り直し、さらに塾で教えながら、何十年もかかって検証されたようです。

実社会で評価されるには

私が何を言いたいかというと、「高校までは成績で判定されるし、大学でも、ある程度は成績で判定されるけれども、学生時代の成績がいいかどうかということと、実社会に出てからの判定は違う」ということです。

例えば、実社会では、「自分の意見を言いなさい」と言われて、言えないような人は、やはり評価が下がります。「あなたの考えは？」と訊《き》かれて答えられない人です。

そうではなくて、口が立ち、発表ができたり、意見を言えたり、ＰＲができたりと、「自分というものを表現して人に伝えられること」や、さらには、自分とは異なる考えを持っている人と意見がぶつかったときに、「相手を説得して納得《なっとく》させる技術」などが、実社会では非常に評価されるようになってくるわけです。

こうしたものは、学校の成績ではずばりとは出てきません。ここに〝ギャップ〟があるために、後々《のちのち》、意外に衝撃《しょうげき》がくる場合もあるのです。

成績のよい人のなかには、人と話をするのが苦手《にがて》な人や、人間関係を結ぶのが苦手な人、それから、機械に向かっているほうが好きだという人がけっこう多くいます。

そして、実はこれが、成績がよくても、実社会に出てからあとは、なかなか評価されにくいところなのです。うまく専門がはまった場合は、それでもうまくいくこともありますが、そうならない場合には、「自己評価」と「周りの評価」に大きなギャップが現れてくることがあるのです。

みなさんのなかには、今、先生がたからほめられるような成績のいい人もいると思います。ただ、もし、大学等に入ったあと、何か違和感《いわ》を感じたら、「人間関係力」、および、「人と交渉《こうしょう》したり、人を説得したりする力」、「企画を出す力」、

「みんなを引っ張っていくリーダーシップ」などに、何か欠けているものがあるのだと考えてください。

やがて、「成績の差」、「点数の差」などよりも、そういう「人間的な力」のほうが上回《うわまわ》るときがやってきます。それが自分の思っていた将来図と違っていく場合の大きな転換点《てんかんてん》にもなるのです。

周りと協調していくために必要な工夫《くふう》

なお、「当学園を卒業後、進学した先輩《せんぱい》がたが、その後どうなっているか」を追跡《ついせき》してみると、意外に〝埋没〟している方も多いようです。消え込《こ》んでしまって、まったく姿が見えなくなった方もいます。「ええっ！　あの人が？」と思うような人が消え込んでいたり、大学での学生部活動に参加を呼びかけても、「どうして行かなきゃいけないんですか？」という感じで返してきたりする人もいるらしいのです。

あるいは、学園にいたときの評価が高かった人でも、「大学入学前の春休みにあるオリエンテーションで、機嫌《きげん》よく、『幸福の科学学園卒業の○○です！』と言って信仰《しんこう》告白し、伝道を一生懸命《いっしょうけんめい》ガンガンとしたところ、ボコボコにされ、その後、立ち直るのにそうとう時間がかかった」というような話もあります。

そういう人は、「距離《きょり》の取り方」が、若干足りないのかもしれません。やはり、初めて会う人とは、少しずつ少しずつ関係を深めていき、距離を計算しながら付き合っていかなければいけないところがあるのです。

たぶん、寮《りょう》などで集団生活をしすぎていると、他人との距離が非常に近くなるのでしょう。そのため、自分では普通に話をしているつもりでも、外の世界では普通のものとして通じない部分が出てきます。学力は同じぐらいの水準であっても、言葉がすぐに通じるレベルの人と、まったく通じないレベルの人とがいるわけです。

では、宗教系の大学に入ったら大丈夫《だいじょうぶ》かというと、そうでもなく、違った宗教の場合、はねつけられることもあります。学校によっては、学内の伝道を禁止していることもあるので、ショックを受けるかもしれません。宗教系の学校であっても、「学内での伝道禁止」などと書かれた大きな立て看板が出してあるところもあるのです。

ところが、その学校の宗派《しゅうは》の伝道は当然やっていて、例えば、「日曜日には、学校の宗派の教会に行くように」という手紙が自宅に届いたりします。要するに、「それ以外の宗教の学内伝道は禁止」というわけですが、こういうところに入ると、そうとう苦しいのではないでしょうか。

そのような場合は、「大学ではある程度、周りと協調できる範囲《はんい》内で行動しつつ、幸福の科学学生部のほうで、仲間と集《つど》って活動する」というのがよいだろうと思います。

3　未来の学問をつくるHSU

地域からの評判がよいHSU

また、おそらく、みなさんの大部分は、HSU（ハッピー・サイエンス・ユニバーシティ）に進まれるだろうと思うのですが、ここは開学してまだ一年ぐらいの実績しかありません（説法《せっぽう》当時）。つまり、六年前、幸福の科学学園に中学一年生として入ったみなさんが、初めから学校づくりをしたように、幸福の科学学園の卒業生がHSUに入って、もう一度、大学づくりをやっているという状態です。来年度でも二年目なので、まだ同じような状態でしょう。

ちなみに、HSUは、長生村《ちょうせいむら》という千葉県で唯一《ゆいいつ》の村にあり、今、村おこしが一体化して行われているようです。学生としては一年生だけしかいない状態ですが、村長さんや村の議会の人などから、「村おこしの手伝いをしてほしい」という申し出があって、「海で海苔《のり》の養殖《ようしょく》をするには、どうしたらいいのかね。未来産業学部だろう？　教えてくれ」というような感じで言われたのだそうです。

そうなると、未来産業学部としては頑張《がんば》らなければいけないでしょう。海苔の養殖はどうやるのか、調べなければいけません。それは私の教えのなかにはないので（会場笑）、淡路島辺《あわじしまあた》りへ行って研究してこなければいけなくなります。やはり、「未来産業学部」である以上、何が来ても、受けて立たなければならないだろうと思うのです。

ただ、先輩《せんぱい》たちの評判はそこそこよろしいようで、ＨＳＵの近所では、「何か一緒《いっしょ》にやっていこうじゃないか」という気運になってきているようではあります。

この先、長生村が村から町になるかどうかは分かりませんし、「村のままのほうが値打ちがあっていい」という意見もあることはありますが、ＨＳＵの学生が来ることで、やがて人口が千数百人ぐらい増えるでしょう。それで、「何か大きなものをつくれないか」ということを、村ぐるみで考えているような状況《じょうきょう》になっているわけです。

なお、「幸福の科学学園の卒業生たちのＨＳＵでの状況はどうか」というと、九割ぐらいは、だいたいまともにやっているようです。一割ぐらいは、授業をほどほどに〝サボって〟いるとのことではありますが、全国の大学のレベルから見ると、一割というのは比較《ひかく》的少ない数ではありましょう。ほとんどの大学では、半分も出てこないのが普通《ふつう》のようなので、なかなか頑張っているとは思います。

英語力が急激に向上する学生が出てきている

さて、ＨＳＵ生のなかでは、英語の学力にそうとうの差があるので、学力別で十数段階に分けて教えています。教えるほうも大変ではあるようですが、実際に上から下までいるのです。

例えば、HSUにはフィリピンからの留学生も入っているのですが、その人は、TOEIC《トーイック》で最初から九百八十五点を取っています。これでは、四年間教えなくてはいけない先生も大変は大変でしょう。こういう人もいるわけです。

あるいは、みなさんの先輩に当たる幸福の科学学園の卒業生のなかにも、最近のTOEICで九百五十五点ぐらいまで点数を上げた人がいます。そのように、今、フィリピンからの留学生に追いつくところまで〝攻《せ》め上がって〟きているようです。

また、私は、去年（二〇一五年）の十月にHSUを視察したのですが、その際、語学力別のクラスをチラチラッと覗《のぞ》きました。別に直接励《はげ》ましたわけではなく、教室の後ろのほうから見ただけなのですが、「総裁先生が見た」ということで、学生たちは、「頑張らなければいけない」と奮起したようです。その結果、前回よりTOEICの点数を二、三百点上げた人が数名出てきたりしました。

覗いただけで、そこまで効果があるものでしょうか（会場笑）。「肩《かた》を叩《たた》いた」とか、「『君に期待しているよ』と言った」とかいうわけではありません。少し覗いただけなのに、それで点数が二、三百点上がるわけですから、人は分からないものです。

ただ、頑張ればそういうこともあるらしいので、「学力というものは、やり方次第《しだい》で伸《の》びる」ということなのでしょう。

ともかく、HSU生の英語の学力は、上は九百九十点満点から、下は三百点に満たないレベルまで開《ひら》いているため、クラスを分けながら、一緒《いっしょ》に走っているような状態です。その点、大変ではありますが、卒業までには、ある程度のレベルまで仕上げるつもりで取り組んでいます。

「社会へのインパクト」をつくり出す経験ができる

ここで、ＨＳＵの学部について紹介《しょうかい》しておきましょう。●来年度から四学部制になりますが、これらは既成《きせい》の大学にはないものばかりです。その意味で、「未来の学問だ」ということは、はっきりと言えるでしょう。まだ完成しているとは言えないかもしれませんが、「未来の学問の核《かく》になるものをつくっている」と考えています。文科省が何と言おうとも、未来の学問はこちらです。こちらから未来の学問は始まるのです。

おそらく、今の日本の大学の三分の一ぐらいは、これから潰《つぶ》れていくでしょう。学生が入らなくなり、赤字になって潰れていく大学が、そのくらいは出てくるはずです。

一方、ＨＳＵは、国から補助金を受けていませんし、それがなくても、いちお

●来年度から……　2016年4月には、「人間幸福学部」「経営成功学部」「未来産業学部」に加え、「未来創造学部」が新設された。

う黒字の学校です。これは信者のみなさまの努力の賜物《たまもの》ではありますが、HSUは、「補助金などもらわなくても大学経営ができる」ということを見せている、ほぼ唯一の大学なのです。

今は、私立の大学まで補助金をもらっていますが、それは本当であれば憲法違《い》反《はん》になります。「私学助成はいけない」ということが憲法に書いてあるのに、やっているのです。

要するに、文科省が私学を〝支配〟するために補助金を出しているのでしょう。〝経営赤字〟を出さないといけないような仕組みができているのです。そして、最後には国の財政赤字までつながっていきます。いろいろなところに補助金をたくさん出し、「その代わりに言うことをきけ」という感じで〝支配〟していくスタイルなのですが、これでは、国が「財政赤字」になるのは当然でしょう。

しかし、私学であれば、自分たちできちんと運営できなければいけません。

「国に介入されることなく、自分たちの教えたいことを教えられるのが、本来の私学だ」と私は思っているからです。

おかげさまで、私たちは、今、やりたいことをやれています。「ＵＦＯだろうが宇宙人だろうが、何も怖《こわ》くない！」という状態でやっているのです（会場笑）。それに、ＵＦＯや宇宙人はよく来てくれるようなので、これから、もっともっと本格的に研究に入りたいと思っています。

なお、なかには、ほかの大学に受かってもＨＳＵを選んで来る人もいると思うので、多少の利点を申し上げておきましょう。

おそらく、ＨＳＵの卒業生が出るころには、ＨＳＵの卒業生の半分ぐらいが幸福の科学の職員に採用されるであろうと推定しています。また、彼らが幸福の科学の次のメインストリーム（主流）になることは、ほぼ間違《まちが》いありません。ＨＳＵ出身者がメインストリームとなり、だいたい、教団の中枢《ちゅうすう》に座《すわ》っていくようになると思うのです。

また、あとの半分の方は、在家《ざいけ》のほうで、何らかの大黒天《だいこくてん》になろうとするか、あるいは、フロンティアを拓《ひら》こうとするか、そうした方向に行くだろうと推定しています。

「『学校自体を新しく立ち上げる』という経験を二回したいかどうか」は、みなさんの考えにお任せしましょう。ただ、「もう一回、やってみようか」と思う方は、HSUで、もう一回、大学自体をつくることに取り組んでください。「値打ちそのもの」をつくるというか、「学校の信用そのもの」をつくり、「社会へのインパクト」をつくり出すということを経験されてもよいかと思います。

4　卒業後も新しい道を切り拓《ひら》こう

素晴《すば》らしい後輩《こうはい》の出現を予感させた在校生の送辞《そうじ》

もちろん、ほかの大学に行っても構いません。しかし、「多勢に無勢《ぶぜい》」のところはあるので、やはり、処世術をよく身につけておかないと、やや浮《う》き上がったりして厳しい場合もあるでしょう。そのようななかで、「相手が千人でも、一人で戦う」という方は、行っても結構かとは思います。

ただ、例えば、女性であれば、「大学に行って、信仰《しんこう》がない人をボーイフレンドにした」という場合、相手に信仰がないために、自分の信仰を隠《かく》し始めたり、学生部活動に出てこなくなったりする人もいるようです。そのあたりは、少し寂《さみ》しいなとは思っています。

やはり、他大学に行って、信仰のない人がボーイフレンドやガールフレンドになった場合、その人を〝折伏《しゃくぶく》〟というか、きちんと説得して入信させてください。「そのくらいの力がなかったら、男ではない。あるいは女ではない」と言っておきたいと思います（会場笑）。

「相手が信仰を持っていないから、自分も信仰を捨てました」などということでは、幸福の科学学園の卒業生として、さすがに情けないでしょう。「学校に通う人全員を伝道しなさい」とは言わないまでも、「自分の付き合っている相手ぐらい〝引きずり込《こ》み〟なさい（会場笑）。その程度の力がないのなら、付き合う資格はない」と言っておきます。

確かに、個人の職業設計やご両親の考え、家の位置や経済力など、いろいろなものがあるので、みなさんの行き先がそれぞれ別であることはしかたがないことかもしれません。

しかし、先ほどの卒業式で、高校一年の生徒会長が送辞《そうじ》を読んでいましたが、あれはどう見ても、卒業生が説教されていました（会場笑）。私が聞くかぎり、「高三が高一に説教されている」という状況《じょうきょう》で、「これは見たこともない学校だ。〝恐《おそ》ろしい学校〟だな」と思ったのです。やはり、高校一年生が、「先輩《せんぱい》たちは、大学へ出ていって恥《はじ》をかかないように。後輩たちが恥《は》ずかしい思いをするようなことをしないように」と言っているようにしか聞こえませんでした（会場笑）。私は、このような学校を見たことがないので、「すごいな」と思ったのです。

実は以前、「六年後に、幸福の科学学園の〝最終判定〟が出る」と述べたと思いますが、あの送辞を聞いて「まだ出ないらしい」ということが分かりました。「あとから来る者は、もっと上だ」と言っているように聞こえたので、「来年、再来年、もっともっと素晴《すば》らしい後輩が出てくる」ということを知っておかなければばならないと思ったのです。

なお、今年卒業してHSUに入る人もいますが、去年卒業した先輩のなかで、ほかの大学に行ったけれどもそこを辞《や》め、HSUに入り直すという人もかなりいます。

つまり、かつて先輩・後輩の関係だった人たちが同じ学年になるので、どうか、「先輩であり、同輩である」といううまい関係をつくってください。他の大学へ行ったけれども、満足できず、HSUに入り直している人がかなりいるのです。

これから必要なのは「智慧《ちえ》」「勇気」「行動力」「実績」

ただ、どのような道に進むにしても、「勇気」と「行動力」が必要でしょう。

みなさんは、今まで、幸福の科学学園で学習をして、「知をつくる基礎《きそ》」「智《ち》慧《え》をつくるもと」「知識を形成する力」を身につけてきました。そして、次には、

「勇気」と「行動力」こそが求められます。

さらに、世間《せけん》でリーダーとなって、あとから来る人々を引っ張っていくためには、その行動力に「実績」を伴《ともな》わなければいけません。

つまり、「智慧」、「勇気」、「行動力」、「実績」です。これからは、こういうものが要求されるわけです。

したがって、「口下手《くちべた》で、人と話すのが苦手《にがて》だ」という人は、大学に入ってから、人前で話す練習をしっかりしてください。そうしないと、あとで困ることになります。自分が思ったような未来が拓《ひら》けなくなるので、「苦手なのだ」と言い訳をするのではなくて、人前で話す練習をすることです。

あるいは、大学へ行かずに就職する人も、一部いるかもしれません。

例えば、みなさんの先輩で、タレントの希島凛《きじまりん》さん（現在は、アリ・プロダクション所属）という方がいます。先日、私は彼女とも面談をしたのですが、「さすが、幸福の科学学園の卒業生だな」と思って、少し驚《おどろ》きました。頭がいいし、はきはきしていて、意志が非常に明確なのです。自分で言ってはいけないかもしれませんが、「やはり、さすが学園生は違《ちが》うな」と感心しました。

ところが、同じく面談をしても、ほかの女優志願の人の場合、何だか意見がはっきりせず、フニャフニャ、フニャフニャ言いながら退《ひ》いていきます。「どうやら条件交渉《こうしょう》をしているらしい」ということは分かるのですが、意志がよく分かりません。

一方、学園出身のほうは、パシパシパシッと来るので、「さすがだなあ」と思い、ちょっと見直しました。いや、「ちょっと」ではなく、大いに見直しました(会場笑)。

教育投資への恩を忘れず、二十二世紀に続く「新しい道」をつくれ

さて、みなさんの行く先はいろいろあるとは思いますが、どの方向に進んでも、「幸福の科学学園の卒業生である」ということを誇《ほこ》りにして、道を拓《ひら》いていってください。

そして、先ほどの〝後輩の教え〟をよく胸に秘《ひ》め（会場笑）、「後輩に恥をかかせないような先輩になる」ということを肝《きも》に銘《めい》じて、未来を創ってほしいと思います。必ずや、みなさんの力で、「新しい道」がつくられるでしょう。

その道は、私には決して歩くことができない道かもしれません。二十一世紀から二十二世紀に続く道なのだと思います。

その道をつくるのは、みなさんです。その道を舗装《ほそう》するのは、みなさんです。みなさんで、新しい道をつくり、みなさんで、新しい建物をつくり、みなさんで、

新しい未来を創ってください。

実は、幸福の科学学園那須《なす》本校だけでも、宇都宮《うつのみや》にある総本山《そうほんざん》・正心館《しょうしんかん》の三倍の費用をかけて建てているのです。ただし、採算はほとんど取れません。また、幸福の科学学園関西校は土地がやや狭《せま》いので、少しだけ安いものの、ほぼ似たような額です。さらに、HSUは、総本山・正心館の六倍の費用をかけて建てています。

これを見れば、教団の意欲が分かるでしょう。それだけ「教育」に力を入れており、「精舎《しょうじゃ》を安くつくっても、教育関係のところでは手を抜《ぬ》かない」ということを徹底《てってい》しているのです。

これは「未来投資」だと思っています。つまり、「数年、数十年かたって、日本全国に、そして、世界にお返しできる」と思って、お金をかけているので、どうか、その点を忘れないでください。

ちなみに、長生村《ちょうせいむら》にある、九十九里浜《くじゅうくりはま》に面したＨＳＵですが、投資の一部が追加され、今年の春から、私も泊《と》まれるようになりました。敷地《しきち》としては、ＨＳＵと隣《となり》の千葉《ちば》正心館とを合わせると十万坪《つぼ》ぐらいあるので、私が泊まる宿舎を建てる余地はかすかにあったのです。そういうわけで、機会があれば、みなさんを直接、教えられるようになりたいなと思っています（会場拍手《はくしゅ》）。

それまでは、ＨＳＵで法話《ほうわ》をする際には、ディズニーランドに近いホテルに泊まってから来ていました。そのように、少し面倒《めんどう》くさかったのですが、私が泊まれるように宿舎をつくってくれたので、ＨＳＵで話をする機会が増えるのではないでしょうか。

「勉強に終わりはない」――人生を貫《つらぬ》き、死後まで仕事で成功する秘訣《ひけつ》

とにかく、いずれの方向に進んでも、どうか、幸福の科学学園の名前を辱《はずかし》め

ることなく、いっそう世界に羽ばたかせてください。

振《ふ》り返ってみると、開校して最初に私に勇気を与《あた》えてくれたのは、チアダンス部の優勝でした。それが、今では、関西校も含《ふく》めて、いろいろな方々が、さまざまな分野で優勝したり、表彰《ひょうしょう》されたりしています。

また、校長（喜島克明《きじまかつあき》。説法《せっぽう》当時）も、今、栃木《とちぎ》県でいちばん有名な校長になりつつありますが、これも想定外の事態ではありました。もともとPRの上手な方ではあったのですが、ほかのところでは花咲《はなさ》かなかったのに、ここ（幸福の科学学園）で花咲いたわけで、人は分からないところがあるものだと思います。

実は、本学園の理事長（木村智重《きむらともしげ》。説法当時）と校長とは、かつて同じ職場、具体的には●宗務《しゅうむ》本部というところにいたことがあるのです。ところが、当時、理事長は宗務本部長をしていたのに、校長は、「私の散歩の下見」という仕事だけをしていました。それが、今ではこんなに偉《えら》くなってしまって驚いています。

●宗務本部　本書 p.62 参照。

これは、「人は五十歳《さい》でも六十歳でも、まだまだ伸《の》びる」「勉強に終わりはない」ということを意味しているのでしょう。その意味で、体験したことは身について、次なる能力になっていくのだと知ってください。

例えば、若いうちに勉強したことは、中年以降に「仕事力」となってそのまま出てきます。中年あたりに勉強したことは、壮年《そうねん》に、まだ仕事を続けて昇進《しょうしん》していく力になっていくのです。そして、五十歳以降あたりで勉強した人は、「普通《ふつう》は引退」という年齢《ねんれい》になってもそれで終わりにならず、晩年まで仕事ができます。さらには、「死後も名前が遺《のこ》るような仕事」ができるようになるでしょう。

そういう意味で、「勉強に終わりはない」のです。

ちなみに、私の大学の同期の人たちを見ると、だいたい定年退職になる時期が来ており、勤め先が変わっている方や引退した方などが出始めてはいます。ただ、私には引退の気配《けはい》がありません。その理由ははっきりしていて、「勉強をしているから」です。

これは当然であって、二十二歳で勉強をやめた人と、五十歳を過ぎても勉強をしている人とは違います。

そして、今、私は、五十数年間勉強し続けたことを集大成して学問のかたちにし、HSUをつくり、それをみなさんに教えようとしていますし、世界にも広められるようにしようとしているのです。

「未来を創る」ための活躍《かつやく》を期待する

さらには、政党（幸福実現党）のほうも七年やってきましたが、すでに地方議員が七人出ました（説法当時）。これから、いよいよ本格的に狙《ねら》っていくところです。

この七年の間、小党ができては潰《つぶ》れ、できては潰れして、どんどん消えていっ

●地方議員が……　2020年5月時点で、39人の党公認地方議員が全国で活動している。

ていますが、幸福実現党はまだもっています。これはすごいことなのです。そうしているうちに、いずれ、その存在は認められざるをえなくなり、気がついたら、日本の一角《いっかく》を占《し》めるように必ずなっているでしょう。

何しろ、潰れないのが「強み」です。よその政党は、議席を取っても、お金がなくなって潰れていきます。

ところが、当会の場合は、信者のみなさんが岩盤《がんばん》のようになって頑張《がんば》ってくださっているので、学園だって、大学（ＨＳＵ）だって、政党だって潰れないのです。これは、〝世界の七不思議〟かもしれません（会場笑）。

また、外国でも、今、百カ国以上に信者が広がっていますが、世界には国が百九十数カ国あるので、「もっともっと広げていきたい」、「支部を置き、職員を置き、正心館なども建てていきたい」と思っています。

そして、映画も三年に一回のペースでつくっていましたが、今は毎年つくるようになっています。十作目の「天使に〝アイム・ファイン〟」（製作総指揮・大川隆法）がもうすぐ公開ですが（説法当時。二〇一六年三月公開）、すでに、十一作目、十二作目の映画の製作に取りかかっており、だいたいの構想はできていて、今は、台本づくりにまで入っているところです。そのように、毎年、映画をつくるようになっています。

そのため、「ニュースター・プロダクション」という芸能プロダクションを自分たちでつくりました。これも、「絶対、潰れない」というのが強みでしょう（笑）。

例えば、政党のほうは、選挙に落ち続けても、最後は幸福の科学の職員として戻《もど》ってくればよいので大丈夫《だいじょうぶ》です。同じく、芸能プロダクションについても、スターとして食べていけなくなっても、教団があるかぎりは絶対大丈夫なのです。

このように、幸福の科学は、日本では非常に力のある宗教です。ただ、私は、これを「日本で有数の宗教」で終わりにはしたくないと考えています。幸福の科学は、こんなものではありません。絶対に、世界で認められるところまで行かなければいけないのです。

それを担《にな》うのは、みなさんです。きっと、みなさんが、今よりもずっとはるか先まで、この教団を引っ張っていってくれると思っています。もちろん、関西校のみなさんにも期待しています。みなさんの活躍《かつやく》も伺《うかが》っています。

どうか、両校併《あわ》せて、今後とも発展をお願いしたいと思います。

第3章

志《こころざし》について

二〇一八年四月七日　説法《せっぽう》

滋《し》賀《が》県・幸福の科学学園 関西中学校・高等学校（関西校）にて

1 幸福の科学学園をつくってきた「志《こころざし》の力」

生徒たちの実績で評判も上がってきた幸福の科学学園

幸福の科学学園関西校へ新入の中学一年生のみなさん、高校一年生のみなさん、そして、衛星中継《ちゅうけい》でご覧になっている那須《なす》本校の新入生のみなさん、ご入学おめでとうございます。

私が関西校で法話《ほうわ》をするのは五年ぶりになりますので、少し間を空《あ》けすぎてしまったなと反省しているところです。こちらはとてもよいところなので好きなのですが、どうしても、最初に開校した那須本校へ行く回数が多くなっていました。今後は、関西校にも力を入れたいと思っています。

今年（二〇一八年）は、ＨＳＵ（ハッピー・サイエンス・ユニバーシティ）への入学者数は関西校のほうが多かったということもあり、ご無沙汰《ぶさた》しているわりには、みな頑張《がんば》っているようなので、やはり、こちらにも来なければいけないと思った次第《しだい》です。

開校した当初は、まだ環境《かんきょう》も十分に整備されておらず、近隣《きんりん》には、幸福の科学学園を建てることに反対するような幟《のぼり》がかなり出ていたのですが、それは宗教に反対しているということだけではありませんでした。これまでにも、この土地に大きな建設物を建てようとしたときには、何度も反対運動が起きていたようなのです。学園の敷地《しきち》の地下の一部に鉄道が通っていることもあり、地盤《じばん》の問題など、「何かあったときには困る」というようなことで、反対する人が多かったわけです。

しかし、今朝《けさ》は、来賓《らいひん》として防災関係の方など大勢《おおぜい》の方がお出《い》でになっているとのことなので、この学校も本当に自《みず》ら力を出してきたと思います。

その間、私は特に何もしていないので、在校生のみなさん、あるいは、その先《せん》輩《ぱい》がたが、近隣で評判を上げ、認められてきたために、反対運動等をしていたような人たちも、だんだんに恥《は》ずかしいと思うようになったのかもしれません。みなさんが、それだけの実績をあげたのだと思います。これは本当に、「学校自体が力を持ってきた」ということではないでしょうか。

実は、那須本校でもそうだったのです。例えば、那須本校の生徒たちは、休みの日に、近くの那珂川《なかがわ》などで清掃《せいそう》活動をしているようです。空き缶《かん》を拾ったり、落ちている釣《つ》り糸に鳥が引っ掛《か》かったりしないように掃除《そうじ》をしているわけですが、その姿を近所の方々もよくご覧になっていて、「やはり、普通《ふつう》の学校とはだいぶ違《ちが》う」というように言ってくださっています。

また、みなさんは、勉強がよくできることで認められることもあるでしょうし、勉強以外のさまざまなスポーツや文化活動等で認められることもあるでしょう。そのようにして、客観的に「どういう生徒たちなのか」ということを見られているわけです。

結局、大勢の目というものはごまかせないものなのです。みなさんが、「どういう人間であるか」「どういう人物であるか」「そのなかに、どういう心を持っているか」ということは、次第しだいに、他の人々にも分かっていきます。すぐには分かってもらえないこともありますが、何年かたつうちに、だんだんはっきりしていき、もはや、ごまかせないものになるのです。

この意味において、多くの人々の考えや意見というものは、長い目で見ると、ある程度信用できるものだと思っています。それは、期待を裏切らないものであり、みなさんが「本物」になっていけば、周りの人々も、そのように、きちんと見てくれるようになっていくでしょう。

すべては「志《こころざし》」から始まる

幸福の科学学園は、もともと進学校としての特質も持っているので、もちろん、勉強のよくできる生徒も多く、入学後に大きく伸《の》びる生徒もいます。

これには、私も本当に驚《おどろ》くことが多くあり、「自分の話を、もう少し底上げしておかなければ〝危ない〟かもしれない」と思うぐらい、優秀《ゆうしゅう》な生徒が続々と出てきています。四十年前、五十年前の話をしていると、「創立者の先生は、ちょっと勉強が後《おく》れているのではないか」と思われるかもしれないと、多少心配になってくるのです。みなさんがいろいろなものに挑戦《ちょうせん》しては、軽々と突破《とっぱ》していくので、「うわっ、すごいなあ」と驚いてしまい、「自分も、もう少しレベルアップしなければ、創立者のほうが落ちこぼれてしまう」と、実に〝怖《こわ》い思い〟をしています。

今日は、「志《こころざし》について」というテーマで述べていくつもりですが、人間、思えばできるようになっていくものだなと、「こういうふうになりたい！」という気持ちを強く持っていると、そのようになっていくのだなと、つくづく思います。

本日、私に随行《ずいこう》してきた秘書の一人は、幸福の科学学園那須本校の一期生です。学園生が卒業して職員になり、今、秘書をしています。第一期生には、そういう人が何人かいました。

ちなみに、「チアダンス部の世界大会でアメリカへ行ったの？」と訊《き》くと、「そうです」と答えたので、「どうして行けたの？」と訊いたところ、「総裁先生が、学園の入学式のときに『世界を目指せ！』とおっしゃったではないですか。私たちは、それを信じて世界を目指していたら、毎年、世界へ行くことになってしまったんです」ということでした。

私は、チアダンスで世界大会に出て優勝するところまでは考えていなかったのですが、言葉として「世界を目指せ！」と言ったら、本当に目指して行ってしまったわけです。新設校で、こういうことはありえないことでしょう。

もっとも、那須本校のほうの顧問《こもん》の先生は、前任校でも世界大会に出た経験を持っていたので、それも大きかったのかなと思います。しかし、関西校のダンス部も、日本レベルを超《こ》え、世界にまで進出し始めていますし、個人部門では世界で優勝する人も出てきています。

また、ほかにも、吹奏楽《すいそうがく》部が朝日新聞に取材され、記事として載《の》りましたが、そうしたものを読みながら、やや驚きに近いものも感じています。

そのように、両校とも切磋琢磨《せっさたくま》しながら、さまざまな部

受け継ぐ思い さらに高みへ
守山市立守山南中
ピシッと意見 先輩も後輩も
幸福の科学学園関西中・高

2018年3月開催の「アメリカン・ダンスドリルチーム・インターナショナルチャンピオンシップ2018」で、関西校のダンス部員がインターナショナル・ソロ部門で優勝、高校ダンス部がジャズ部門5位を獲得（写真右）。滋賀県で開催の第53回県吹奏楽コンクールが掲載された朝日新聞（2017年8月9日付）（写真左）。

門で、日本のトップレベル、あるいは世界レベルまで行く人が次々と出てきているのです。

私は、確かに、「世界を目指せ」と言ったことがありますが、個々の事例を挙げて、「これで世界を目指せ」とまでは言っていませんでした。しかし、学園生のみなさんは、それぞれに受け止めて頑張ったのだろうと思います。

以前、広瀬《ひろせ》すずさん主演の「チア☆ダン」という映画がありましたけれども、「あれは、幸福の科学学園でもできたのではないか」と訊くと、「ああ、映画のモデルになった学校とは、大会でよく当たっていますから」というように軽くいなされてしまったので、「あれっ!?　それほどのレベルになっていたのか」と思って驚いたのです。当校も映画に出られるぐらいのレベルまで行っているということです。

でも、幸福の科学学園は、学校としては、中学校と高校とを併《あわ》せても小さな学

●「チア☆ダン」　映画「チア☆ダン～女子高生がチアダンスで全米制覇しちゃったホントの話～」。2017年公開、東宝。

校です。関西校も那須本校も一学年百人程度しかいません。しかし、その百人の威力《いりょく》がすさまじく、さまざまなところで活躍《かつやく》しているのです。これはすごいことで、やはり、すべては「志」の問題ではないかと思っています。

「英才教育」、「天才教育」も充実《じゅうじつ》している幸福の科学学園

もちろん、幸福の科学学園は学校であるので、基本的には、しっかりと勉強することが大事であり、保護者もそれを期待していることでしょう。

その点、当校は、普通の学校よりもはるかに多くの「英才教育」を行《おこな》っていると思われるし、能力のある生徒にとっては「天才教育」に当たる部分まで踏《ふ》み込《こ》んでいると思います。

例えば、早い人は中学三年生で「英検一級」を取るようなケースも出てきているので、教える先生がたも大変なのではないでしょうか。「そういう人には、高

●「英検一級」を……　2019年度の英検合格実績(準2級以上)は、那須本校が1級1名、準1級6名、2級44名、準2級38名で、関西校が1級1名、準1級6名、2級47名、準2級39名だった。

校時代に何を教えるのだろう」と、私も心配になるぐらいでしたが、実際には心配する必要はないようです。そういう人は、大卒者でも難しいレベルの英語テキスト『黒帯英語』シリーズ（宗教法人幸福の科学刊）等まで勉強していると聞きました。また、英語弁論大会へ出場して全国三位になった人もいますし、大学の教材まで取り寄せて勉強しているような人もいるということです。

そのように、幸福の科学学園では、いくらでも上を目指せるようになっています。ここが素晴《すば》らしいところかと思います。

2　幸福の科学学園が目指す「全人格教育」

幸福の科学学園の責任者はどのような人なのか

社会人になると、いろいろな面で評価されることになるため、勉強だけがすべてではありません。ただ、「勉強ができる人のうち、七割程度の人は仕事ができる」という関係にあるとも言われています。

入学式で式辞を述べた方々がいますが、例えば、幸福の科学学園理事長の木村《きむら》智重《ともしげ》さん（説法《せっぽう》当時）は、三十六歳《さい》のときに銀行を辞《や》めて出家《しゅっけ》し、私のところへ秘書として来た方です。

彼は、京都大学法学部卒業後、銀行に就職したのですが、さらに、そこから選

郵便はがき

料金受取人払郵便

赤坂局
承認

7468

差出有効期間
2021年10月
31日まで
(切手不要)

1 0 7-8 7 9 0

112

東京都港区赤坂2丁目10−8
幸福の科学出版(株)
愛読者アンケート係 行

フリガナ お名前	男・女	歳
ご住所 〒 都道府県		
お電話( ) −		
e-mail アドレス		
ご職業 ①会社員 ②会社役員 ③経営者 ④公務員 ⑤教員・研究者 ⑥自営業 ⑦主婦 ⑧学生 ⑨パート・アルバイト ⑩他( )		
今後、弊社の新刊案内などをお送りしてもよろしいですか? (はい・いいえ)		

愛読者プレゼント☆アンケート

「世界に羽ばたく大鷲を目指して」のご購読ありがとうございました。
今後の参考とさせていただきますので、下記の質問にお答えください。
抽選で幸福の科学出版の書籍・雑誌をプレゼント致します。
（発表は発送をもってかえさせていただきます）

1 本書をどのようにお知りになりましたか？

① 新聞広告を見て ［新聞名： ］
② ネット広告を見て ［ウェブサイト名： ］
③ 書店で見て ④ ネット書店で見て ⑤ 幸福の科学出版のウェブサイト
⑥ 人に勧められて ⑦ 幸福の科学の小冊子 ⑧ 月刊「ザ・リバティ」
⑨ 月刊「アー・ユー・ハッピー？」 ⑩ ラジオ番組「天使のモーニングコール」
⑪ その他（ ）

2 本書をお読みになったご感想をお書きください。

3 今後読みたいテーマなどがありましたら、お書きください。

ご感想を匿名にて広告等に掲載させていただくことがございます。ご記入いただきました個人情報については、同意なく他の目的で使用することはございません。

ご協力ありがとうございました！

ばれてイェール大学に留学し、ＭＢＡという大学院の修了《しゅうりょう》資格も取得しました。そういう方が、幸福の科学の初期のころから来て働いていました。

また、今はＨＳＵにおいて、学長に当たる「プリンシパル」を務めている九鬼《くき》一《はじめ》さん（現在は、チェアマン兼《けん》プリンシパル）は、早稲田《わせだ》高等学院でとても優《ゆう》秀《しゅう》な成績を収め、そのまま早稲田大学法学部へ進学し、大手の石油会社に入社後は、やはり、木村理事長と同じように研修生に選ばれてアメリカへ行った後《のち》、当会に出家された方です。彼も、以前、私の秘書をしていました。

それから、幸福の科学学園関西校校長の冨岡無空《とみおかむくう》さんは、京都の有名進学校から東京大学の理系に入学し、経済学部のほうへ進んだという方です。

ちなみに、東大では、専門学部のある本郷《ほんごう》のほうに進む段階で、教養学部での成績による進学振《ふ》り分けというものがあり、それによって行ける専門学部が変わってきます。冨岡さんは理系のほうに入学し、その進学振り分け時に経済学部へ行ったのですが、これはけっこう難しいことなのです。

私が学生のころであれば、東大の理科Ⅱ類から経済学部へ行くためには、確か、教養学部での平均点が七十八点以上は必要だったと思います。ところが、東大の理系で七十八点を取ることはそうとう難しいのです。

例えば、理科Ⅰ類のなかでも、いちばん優秀な人たちは物理学科等へ行くことが多いのですが、そのためには、平均点がおおよそ七十七点以上はなければ行けませんでした。ですから、学生はみな、「そんなもの取れるか。七十点を超《こ》えるのが精一杯《せいいっぱい》で、七十七点はなかなか取れない」と言っていたのです。

しかし、冨岡さんは理系から経済学部へ行っているので、おそらく七十八点以上は取っていたはずです。卒業後は、大手企業《きぎょう》に勤務した後、出家して、先ほどの二人と同じように、私のところへいったん修行《しゅぎょう》に来て、私の本の整理や購入《こうにゅう》など、さまざまな秘書業務をしていたのです。

以上、幸福の科学学園やHSU等の現在の責任者を三人ほど紹介《しょうかい》しましたが、彼らはみな、私の秘書として「共に勉強していた仲間」なのです。そういう人たちが、今、あちこちの部門へ散って、若い人たちを教えているような状況《じょうきょう》なので、みな立派になってきたと思っています。そのように、彼らは、この世的にもそうとう優秀な方々です。

リーダーになるには、「学業」だけでなく「人間の勉強」も要《い》る

幸福の科学においては、勉強ができるだけでは駄目《だめ》であり、勉強以外の部分まで必要になるのです。「人格力」とでも言うべき、「人間としての力」のようなものがなければ、周りの人も認めてくれないし、リーダーとして引っ張っていくこともできません。

ここは非常に大事なところなので、学園生のみなさんにも、しっかりと述べて

おきたいと思うのです。

いわゆる進学校の多くにおいては、勉強ができればいちおう尊敬され、先生がたが認めてくれることもあるでしょうけれども、その後があまりよくないケースもわりあい多く見られるのです。そういったトップ校にいたときには勉強ができたのに、その後、出世できなかったような人が、全体の半分ぐらいはいると思われます。

なぜできないのかを見てみると、たいていは、「人間関係」がうまくいかないからです。「友達ともうまくいかず、上司ともうまくいかない」という感じで、人間関係がうまくいかず、会社仕事が勤まらないような人がいます。辞めていく人の三分の二は、だいたいそういうことがあるのです。

「勉強ができる」ということは、「個人主義」にかなり近いように見えます。個人としては、成績がよければよいほどいいし、ほかの子との競争もあるので、上であるほどいいと思うかもしれないけれども、それだけであれば、学生でいる間はほめられることもあったとしても、実際に卒業してからあとは、「どうして、これほど優秀な自分が評価されないのか」という不満が数多く出てきます。

そのため、「今まではみんなが尊敬してくれたのに、どうして、社会人になると尊敬してくれなくなるんだろう」と思う人もいるかもしれませんが、それは、「人間関係力が足りない」のです。

要するに、「人間の勉強が足りない」わけです。

世の中にはいろいろな人間がいて、さまざまなことを考えています。しかし、勉強ばかりしていたために、それを理解できずにいる人がたくさんいるのです。そういう人たちは、残念ながら、エリートコースから外れていくわけですが、どうすればよいかを教わっていないために分からないのです。

神様の目から見て「自分を律する人」が、人の心をつかむ

ちなみに、幸福の科学学園の那須《なす》本校は全寮《ぜんりょう》制であり、関西校には一部、通学生もいますけれども、寮に入っている生徒は多いと思います。そういう人は不自由に感じる面もあるかもしれません。

というのも、自宅にいるときと比べれば、自分のほかにも大勢《おおぜい》の人たちが一緒《いっしょ》に住んでいるため、私生活と思われる部分も見られていますし、教室で見せている顔とそれ以外で見せている顔が違《ちが》うといったことも、お互《たが》いにみな知っているわけです。あるいは、世間《せけん》では、学校の外に出たら、いろいろと悪さをしていても分からないようなところはたくさんあるでしょうが、当学園の場合は、教室以外での態度までいろいろと知られてしまうことがあります。

これは、実に厳しいことだと思います。

ただ、ある人が言うには、経営者が、自分の息子《むすこ》や娘《むすめ》などを後継者《こうけいしゃ》として社長にしたいと思うときに、最も望ましいのは、「宗教家が経営・運営している全寮制の学校に入れること」だそうです。これが、二代目養成にはいちばんよいと言われています。

なぜかというと、要するに、宗教家が運営に参加しているということは、「みなさんの生き方は、どうあるべきか」ということを常に見られていることになるからです。道徳的な部分が日常生活のなかに入っていて、「神様の目から見て、あなたはそれで恥《は》ずかしいと思いませんか?」ということを、いつもチェックされています。そうした、普通《ふつう》の学校ではないところが入っているのです。

会社を継《つ》ぐような人たちは、リーダーとして大勢の人たちを引っ張っていかなければなりません。そういう意味で、「神様の目から見て恥ずかしくないかどうか」という気持ちで自分を律している人というのは、やはり、大勢の人から見ても、「この人にはついていけるな」という気持ちにさせる人であるわけです。

寮《りょう》生活は、人間関係について勉強するまたとない機会

もう一つ、「全寮《ぜんりょう》制の場合、人間関係において、なかなか難しいところがある」ということがあります。

相性《あいしょう》のよい人も悪い人もいるし、関係を結ぶのが難しい人もいると思うのです。そのなかで、「どのように工夫《くふう》して、同級生たちとうまくやるか。先輩《せんぱい》たちとうまくやるか。あるいは、後輩たちとうまく付き合っていくか」ということを、三年なり六年なりの間に勉強していくと、それが、「社会に出たときに、自分はどのように振る舞《ま》ったらよいか」ということの勉強にもなります。

要するに、寮生活というのは、「人の気持ちが分かるようになるにはどうしたらよいか」、あるいは、「人との関係をよくしていくにはどうしたらよいか」とい

うことを勉強する、またとない機会であるわけです。

ときどき、「集団生活が難しくてついていけない」と言って、諦《あきら》める人もいるのですが、「これも勉強のうちなのだ」ということを知ってほしいのです。集団生活についていけないまま学校を卒業しても、その後は、やはり、会社などの〝組織〟に属して働く場合がほとんどです。ところが、「ほかの人との関係をどのように結んでいけばよいか」といったことは、教科書では教えてくれないので、実地に、身をもって知っていることが大事なのです。

そのように、「不自由だ」と思っていることが、実は、みなさんの将来にとって、とても大事なことなのだということを知ってほしいと思います。

例えば、自分は一生懸命《いっしょうけんめい》に勉強しているのに、隣《となり》の部屋で音楽をガンガンかけられたら、「うるさくて勉強などできやしない」と注意するような関係になります。そういうときには、やはり、話し合いを行い、「時間を決めて、このようにしようか」とか、「ボリュームはこのくらいにしようか」とかいうことを相談して、お互いに一緒にいられるように、折り合いをつけなければいけません。

これは、社会人になるための基本でもあります。こういうことを、勉強していかなければならないようになるわけです。

したがって、寮生活を送るみなさんは、「将来、リーダーになるための貴重な機会を、生活のなかにおいても与《あた》えられているのだ」と考えてよいと思います。

3　さまざまな教科を学ぶ意義

なぜ、中学・高校では「英語」と「数学」が重視されるのか

次に、特に大事なこととして、勉強についても述べておきます。

小学校までは秀才だといわれていたのに、中学に入ってから秀才ではなくなるような人がいます。その場合、たいてい中学二年生の後半ぐらいから、そのようになるのです。それから、中学時代までは秀才《しゅうさい》だったけれども、高校に入ったら秀才ではなくなっていくような人もいて、この場合も、たいてい高校二年生ぐらいからそうなり始めます。

そういう人は、だいたい「数学」と「英語」の二教科が、授業についていけな

くなり、できなくなっていくことが多いのです。

小学校まではそれほど要《い》らなかった科目ですし、実際、日本で生きていく上では、できなくても問題はないものです。もちろん、数学が必要な職業に就《つ》く場合は要りますけれども、そうでない場合は、数学ができなくても生きてはいけるわけです。足し算や引き算といった算数ができれば、コンビニで物を買うぐらいのことは簡単にできるので、それ以上のことは要りません。また、英語を話せなくても生きてはいけます。

要するに、日本で生きていく上では、両方共、要らないと言えば要らない学問なのです。

それでも、中学でも高校でも、英語と数学ができる人は、だいたい秀才といわれます。すると、「こんな学問はなくても日本語だけで十分に生きていけるのに、どうして一生懸命《いっしょうけんめい》にやらされるのだ」「それができる人が秀才だといわれて優遇《ゆうぐう》されるのは、おかしいではないか」と不満に思う人もいると思うのです。

確かに、「数学」と「英語」がそれほどできなくても、日本では生きていけます。ただ、大学などでも、試験によって人をいろいろと選別していますけれども、これは、ある意味で、〝知能検査の代わり〟なのです。要は、頭の訓練として、「なくても生きていけるようなものを勉強させて、それが達成できるかどうか。分かるようになるかどうか」、「必要ではない未知の学問を勉強させて、それをマスターできるようになるかどうか」というところを見られているわけです。

ですから、大学入試でも、英・数ができる人がたいてい秀才といわれますが、これは〝知能検査の代わり〟なのです。これをしておかないと、「新しい学問を学んだときに、その人がどの程度できるか」が分かりません。そういう意味で、英・数というのは「秀才の条件」となっているのです。

そういうこともあり、「英語だけできる」、あるいは「数学だけできる」というように、片方だけができるような場合は、やや専門職というか、何かそれに特化した仕事のほうに行ける可能性はありますが、「全体的な秀才」とはなかなかいわれないわけです。

大学以降、国語力が重要になってくる理由

ところが、大学に入ってからあとはどうなるかというと、「国語」のできる人のほうが成績が伸《の》びてきます。受験のときは、国語は比較《ひかく》的軽く見られて、勉強時間も少なくなりがちですが、国語の力がある人が、大学に入ってからは伸びてくるのです。

なぜかというと、大学以降に使用する教科書は、高校までに使っていたような薄《うす》いものではなく、きちんとした学問的な本だからです。そうした学問的な難しい言葉を使った本の内容を読み取って、理解しなければならないので、国語の力

がとても要るようになるわけです。それは、文系でも理系でも同じです。そのため、大学以降は、国語の力のある人が伸びてきます。成績が急に伸びてくる人というのは、そういう人なのです。

幸福の科学学園にいると、本をたくさん読む機会が数多くあります。もちろん、学校での図書もありますが、私の本もたくさん出ているので、それらを読んでいないと、卒業生としては、何となく恥《は》ずかしい感じがあるわけです。

今日の入学式では、新入生代表による発表がありました。発表をした人は、しっかりと私の本を引用して言葉をつくっていましたが、私の本を読んでいると、今後、大学に入ってからも、勉強がすごく伸びるようになります。それだけではなく、社会人になってからあとが、また違《ちが》ってくるのです。

若いうちは、それほど差はないかもしれないけれども、ちょうど四十歳《さい》前後あたりの、「管理職」といわれる、人を使うような年齢《ねんれい》になってくると、仏法真理《ぶっぽうしんり》に関係する本を勉強していた人というのは、「人を使える」のです。それらの本のなかには、人の先生になれるような内容が書いてあり、そういうものを勉強した人たちは、人を教えることができるため、人の上に立ちやすいようになっているわけです。

受験に必要のない科目も、後々《のちのち》、教養となって効いてくる

ここまで、「英語」や「数学」、「国語」について話をしましたけれども、それ以外の学問に関しても、「自分の進学にとっては要らない」というような考え方が流行《はや》っています。

実際、私自身も受験当時には、「もうちょっと受験に特化した、向いた勉強の仕方をさせてくれたほうが助かるのにな」と思ったことはずいぶんありましたし、「受験には要らないのにな」と思うような科目もありました。

しかし、社会人になって仕事をし、その後、幸福の科学グループの創始者兼《けん》総裁として、さまざまな関連事業をするようになると、主要科目以外の勉強も手を抜《ぬ》かずに行《おこな》っていたことが、あとになってから効いてきて、こんなに役に立つとは思わなかったというところがあるのです。

要は、受験では要らなかったような科目でも、勉強していたことが教養になっているわけです。教養となって、「いろいろなタイプの人間や考え方を許容する力、受け入れる力」になっているのです。それらを毛嫌《けぎら》いして、〝投げて〟いると、理解できない人や考え方、仕事などがたくさんあるわけです。

私自身、結局は文系に進みましたが、いろいろな科目について、いちおう、丁《てい》寧《ねい》に真面目《まじめ》にこなし、文系でも理系でも、どちらでもいけるような勉強の仕方をしていました。そのため、若いころは、「要領が悪くて、バカだな」と、ずいぶん思ったものです。みんなはもう少し範囲《はんい》を絞《しぼ》って、受験に必要なところだけを勉強し、あとは簡単に捨ててしまっていたのですが、私は、何かもったいないことをしているように感じ、いちおう「教養の一つだ」と思って、受験には要らない周辺科目までしっかりと勉強していたのです。「せっかく学校で教えてくれているし、先生の時間も無駄《むだ》になるから、学ばないともったいない」と思い、勉強していました。

ところが、それがあとになって、だんだんだんだん〝効いてくる〟のです。「こんな勉強が効いてくるとは思わなかった」というようなところが〝効いてくる〟ので、「意外」と言うしかありません。

例えば、幸福の科学学園もそうなのですが、「芸術性が非常に高い」のです。関西校にも那須《なす》本校にも、芸術分野がすごくよくできる人が数多くいます。音楽や絵、工作などが得意だったり、あるいはコマーシャルなどをつくったりと、いろいろな人がいて、芸術部門でもすごく評価されているのです。さらには、先ほども触《ふ》れましたが、関西校にはダンス部、那須本校にはチアダンス部があり、共にすごく強いのです。

どうして、みんながこういった分野をこんなにもできるのか、私も分からなかったのですけれども、よくよく考えてみると、やはり、私自身も「芸術分野」に関心があったからでしょう。やはり、そういうところが出てくるようで、〝不思議な感じ〟がしています。

演劇や絵などにも理解があった学生時代

例えば、私は高校生のときに、一年生、二年生

幸福の科学学園那須本校の生徒が受賞した作品の一部。(上)2019年度「令和元年度栃木県愛鳥週間ポスターコンクール」優秀賞。(下左から)2019年度「第62回栃木県高校美術展」最優秀賞、2018年度「第61回栃木県高校美術展」最優秀賞。

と二年続けて、文化祭の劇で主役を演じました。一年生のときは、女装してシンデレラの役をやり（笑）（会場笑）、二年生のときは、それとは正反対の、皮衣《かわごろも》を着た髭面《ひげづら》の「おんにょろ」という山男の役をやって、両方の劇で主役を演じたのです。

そして、『太陽の法』（幸福の科学出版刊）にも少し書いているのですが、その後、演劇部から「入部してくれ」としつこく追いかけ回された記憶《きおく》があります。

ただ、そのときにはすでに剣道《けんどう》部に入っていて、「剣道を週六日やっているのに演劇部にも入ったら、大学に行けなくなる」と思い、「頼《たの》むから見逃《みのが》してくれ。たまたま演技がうますぎたのは許してくれ」という感じで逃《に》げ回り、拝《おが》み倒《たお》して、何とか逃げ切りました。

あのとき演劇部に入っていたら、卒業後はどうなっていたか、もはや分からない状態ではあるのですが、演技についての才能や理解は、少しはあったのだろうと思います。特に演技をして見せてもいないのに、クラスのなかで選ばれて、いつも主役に立てられるので、周りからは「主役で出したら、うまくやるだろう」と見られていたのでしょう。

また、私は絵も好きで、中学時代には、描《か》いた絵がよく県展などに入選していました。受験勉強とは関係がないので、その後、才能はそれほど伸びなかったのですが、そのように、「絵を理解する力」も持っていました。さらに、「技術・家庭」なども、いちばんよくできた科目の一つであり、物もつくれたわけです。

後天的《こうてん》努力によって磨《みが》かれた「楽曲《がっきょく》をつくる能力」

それから、「音楽」についてはどうであったかというと、暗記力が高かったので、ペーパーテストはいつも満点、百点を取っていました。

ところが、中学二年生のときだったと思いますが、期末テストで、「リスニングだけのテスト」があったのです。それは、「先生がいろいろな曲をピアノで弾《ひ》くので、それを聴《き》いて、音符《おんぷ》を書き取ったり、穴埋《う》めしたりする」といったもので、これにはちょっと参りました。通常の暗記ではできなかったために、私は、このとき初めて二十五点という点数を取ってしまったのです。

「変則的な試験だから、しかたがないかな」とも思いましたが、周りに訊《き》いたかぎりでは、クラスで二十五点より下の人がいなかったので、「えっ！　みんなにはこれが分かったの!?」「ピアノを聴いただけで書けたの!?」と驚《おどろ》きました。ほかの人には音符の穴埋めなどができたらしいのですが、私にはできず、何とか二十五点を稼《かせ》いで、零《れい》点ではなかったものの、スレスレで危なかったわけです。

そのため、音楽の先生に呼ばれ、「君ねえ、二十五点では、いくら何でも成績に『五』は付けられないよ。分かる？」と言われて、「はい、分かります。分かっています」と答えたのを覚えています。

当時の通信簿《つうしんぼ》は一から五までの五段階評価だったので、「『一』が付くか、『二』が付くか」と戦々恐々《せんせんきょうきょう》だったのですが、それまでのペーパーテストはいつもちゃんとできていたこと、日ごろの態度、それに、学年でいちばん成績がよかったことなどもあってか、「悪い成績をつけるわけにもいかんだろう」という先生の〝許しの心〟が加わって、ありがたいことに「四」が付いたのです。

「一」でも「二」でもよかったのに「四」を付けてくれたことに、「たいへん申し訳ない」と思いつつ、反省の心が湧《わ》きました。当時は、家族に音楽を聴く人がおらず、そのための機材もなく、「家で音楽を聴く習慣」がなかったので、失敗したなと思い、大学に入ってからあとは、「音楽もよく聴こう」と考え、できるだけ名曲などを聴きながら本を読むようにして耳を慣らしたのです。

そうして何十年かやってきていたからか、私は、今、当会の映画の「主題歌」や「挿入歌《そうにゅうか》」、あるいは、学園の「校歌」や「応援歌《おうえんか》」などもつくっています。

音楽のリスニングテストで二十五点を取った男が、今では校歌をつくれるようになったわけです。やはり、これは後天的《こうてん》努力の結果と言えるでしょう。

したがって、みなさんも諦《あきら》めないでください。「自分にはできない」と思っても、「努力しよう」と考えて少しずつでもやっていれば、だんだん、知らず知らずのうちに実力がついてくることもあるのです。そういうことは知っておいてください。

数学の勉強で得られる「集中力」や「判断力」

また、私には五人の子供がいますが、全員が文科系になりました。確かに、本をたくさん読ませていたので文系になりやすかったでしょうし、宗教においては、文系に進んでいく人が多いとは思います。

ただ、私自身は、先ほども述べたように、文系でも理系でも、どちらにも行けるような勉強をしていて、高校二年生のときには、理科系の特進クラスに行きました。

なぜかというと、当時、文科系には女性が多く、「心に迷いが生じて、勉強に打ち込《こ》めなくなるかもしれない」と思ったからです。理系のほうに行けば、クラスにおける女性の比率はスーッと落ちて数名ぐらいになり、男性ばかりになります。今はそうでもないかもしれませんが、当時は男性のほうが多かったため、「心も迷わず、勉強に打ち込めてよいのではないか」ということで、理系の特進コースに入ったわけです。

そのおかげで、文系であれば数Ⅰ・数Ⅱのみのところ、私は理系の人が学ぶ数Ⅲまで勉強しました。

私の母校は徳島城南《じょうなん》高校ですが、当時は県でナンバーワンの進学校でした。一学年に四百五十人ぐらいいたのですが、「百番以内に入っていたら、国立の医学部に現役《げんえき》で行ける」という学校だったのです。

私は、理系の特進コースで上位にいて、「国立の医学部を受けても入れる」というぐらい、数学も理科もよくできていました。

もちろん、得意科目は「英語」「国語」「社会」でしたが、「数学」も「理科」もわりとできたので、苦手《にがて》意識はそれほどありません。勉強時間だけで見ると、高校時代の私は、数学の勉強時間をわりに長く取っていたのです。

大学に入ってからあとは、使わないので忘れてしまいましたが、今にして思えば、数学の難問を一時間も二時間もかけて一生懸命解くことで、集中力がつきました。問題を解く間、雑念が湧くと解けなくなるので、集中力がつくのです。それが、今、宗教的な「瞑想《めいそう》」などに非常に役に立っていると思います。

また、数学的なものの考え方、すなわち、筋《すじ》を通して考えたり、あるいは、「こういう場合はどうか」と、場合分けをして考えたりすることができるようになりました。

それが、宗教家になったあと、例えば、いろいろな雑念が湧いたときに心を集中させる力になったり、さまざまな物事の善悪を判断するときに、「こういう場合だったら、このように考えるべきではないか」「この場合ならば違うのではないか」と、いろいろと異なる考え方ができるようになったりしているのです。

また、これは法学部での勉強にも役に立ちました。法律の解釈《かいしゃく》においては、たとえ同じ法律でも、場所や人、時によって、結論が違うことがあるからです。

こうした考え方ができるようになったのには、理系の勉強も無視しなかったところが大きく影響《えいきょう》していると思います。

そういう意味で、みなさんも、今後、進学のための科目を選択《せんたく》するときが来るとは思いますが、将来、どんな才能が出てくるか分かりませんし、もしかしたら、その才能の部分で職業を持って生きていくこともあるかもしれないので、どうか、自分の関心がある科目については、手を抜かないでやっていってください。

ＨＳＵには「未来産業学部」もありますが、その内容は難しく、正直に言って、私も十分には理解できないところもあります。ただ、少なくとも、そういう学部もつくれるということは、理数系の勉強もしていたことが大きな力になっていると思うのです。

「世界語である英語ができる」ということの威力《いりょく》

私は今、「語学などもどんどん勉強したいし、理数系の勉強もしたいし、時代小説等、歴史ものも読みたいし」というように、まだまだ目標をたくさん持っています。

特に語学については、二十カ国語以上の言語を勉強していますが、使えるものはまだほとんどありません。英語は少し使えますが、あとは、見たことがある程度で、やっても忘れ、やっても忘れしています。

しかし、英語以外の言語も勉強すると、英語ができない人の気持ちも分かるようになってきて、少し優《やさ》しくなりました。英語については、かなり長い時間、勉強し、ある程度できるようになったからか、英語のできない人を見ると、「ずいぶん遅《おく》れているな」「吸収力が悪いな」とも思うこともあったのですが、私も英語以外の語学については、そこまではなかなか行きません。第二外国語、第三外国語、あるいはそれ以上となると、中学レベルまで行かないことが多いので、「やはり、これは、頭のよし悪《あ》しの問題ではなくて、それにかけた時間や努力の問題が大きいのだな」ということがよく分かります。

幸福の科学学園やＨＳＵでは、英語の勉強にかなり力を入れていますが、「語学も自分を磨《みが》くための材料だ」と思って、しっかり勉強してください。

英語が使えると、実社会で役に立ちます。ただ、それだけではなく、「語学も一つの教養」なのです。一つの言語、英語なら英語が使えるレベルまで行くと、英語民族の歴史や文化、考え方を吸収できるので、日本人としての考え方以外の考え方や視点が見えるようになります。

例えば、パキスタンでタリバンに襲撃《しゅうげき》されて顔に傷を負ったマララ・ユスフザイさんは、イギリスに行って治療《ちりょう》を受け、イギリスの学校に入りました。ノーベル平和賞も取った女性で、今は二十歳《にじっさい》になっています（説法《せっぽう》当時）。先日、彼女は、母国であるパキスタンに一時帰国して、母国の人たちに、「女性に教育の機会を与《あた》えてほしい」と訴《うった》えていました。

しかし、パキスタンの大部分の人たちは、「それは何かの陰謀《いんぼう》なんだ。世界の仲間からイスラム教の国を追い出すための陰謀が裏にはあって、マララさんという二十歳《はたち》の女性は、そういう人たちのお先棒を担《かつ》いで、女子教育をやれなどと言っているんだ。伝統的なものを失ってはいけない」といったことを言っているそうです。こうしたことが、「ニューズウィーク」という雑誌に載《の》っていました。マララさんは、「女性にだって教育が要る。教育があれば、女性も職業に就ける。教育があれば、先生にも医者にもなれる。女性にも仕事の機会があるんだ。なのに、どうして、私の言っていることが分かってもらえないのか」というようなことを一生懸命言っているのですが、「ニューズウィーク」には、「伝統的なパキスタンの人たちは、『それは絶対に欧米《おうべい》の陰謀に違いない』と思っている。それが主流だ」と書いてあります。

マララさんの父親は学校の校長先生をしていて、英語教育に力を入れていたので、彼女は英語を話すことができ、イギリスの学校にも行くことができました。タリバンに支配されたパキスタンの村にいても、英語ができたからこそ、イギリスでの勉強についていくことができ、理解することができ、国際的な考え方ができ、ノーベル賞の受賞式で、英語でスピーチができたのです。

「英語ができる」ということが、どれほど彼女の武器になったことでしょうか。彼女は、十代で「ノーベル平和賞」を受賞していますが、おそらく、英語ができなかったら取れていないと思います。「英語ができる」ということは、非常に効くわけです。

今、「国際語」「世界語」と言えるものは「英語」しかありません。中国や韓国《かんこく》など、アジアの世界でも英語は通じますし、インドでも通じます。アフリカでも、ある程度、通じますし、ヨーロッパでも、オーストラリアでも通じるのです。

したがって、「英語ができる」ということは、非常に大きな特権なのです。これをしっかりとやってください。英語をやって損はないので、頑張《がんば》っていただきたいと思います。

4　将来、日本や世界のリーダーとなれる人材を目指せ

　また、「部活動」や「文化活動」もあって、盛りだくさんで大変かもしれません。

　確かに、私も、こうしたものは、受験のときには無駄《むだ》だとも思っていました。ただ、部活動や文化活動、クラブ活動などで、汗《あせ》を流したり知恵《ちえ》を絞《しぼ》ったりして、みんなと頑張《がんば》ってやったことが、実際に仕事をするとき、例えば、企画《きかく》を立てるときや、みんなで相談して「こういうふうにやろうよ」とつくっていくときに、非常に役に立つのです。

　そのため、こうしたものも無視しないでください。試験の点数だけではないの

です。いろいろな活動をしたことが、社会に出て、大勢《おおぜい》の人と一緒《いっしょ》にチームを組んで仕事をしていくとき、あるいは後輩《こうはい》たちを引っ張りながら仕事をつくっていくときに、すごく役に立ちます。

「難しい勉強を教えてくれるので、塾《じゅく》のほうが好きだ」という人も多いかもしれませんが、やはり、「塾だけでは足りない」ということがよく分かりました。学校では「全人格的な教育」を行《おこな》っているからです。

幸福の科学学園では、開校当初から、「塾が要《い》らない学校を目指そう」という「志《こころざし》」を立てています。みなさんには、学園での生活やさまざまな活動を通して、将来、日本のリーダーとなり、世界のリーダーとなれるような人材になっていただきたいのです。

どうか、みなさんの時代には、世界の国々に残らず幸福の科学の旗を立てて、信者・会員を増やしてくださるような、そういう活動をしていただきたいと思います。

みなさんの今後のますますのご精進《しょうじん》を祈《いの》っております。どうか頑張ってください。

ありがとうございました。

第4章
生徒との質疑応答

1　ゴールデン・エイジを担《にな》う人たちの心構え

二〇一〇年十月二十二日
栃木《とちぎ》県・幸福の科学学園中学校・高等学校（那須《なす》本校）にて

Q1　私は今、中学一年生ですが、将来、経営者になって、「繁栄《はんえい》」を実現したいと思っています。

そこで質問なのですが、これから、経営者や政治家、宗教家など、いろいろな職業に就《つ》いていく私たちが、ゴールデン・エイジを担《にな》うためには、どのような心構えで進んでいけばよいでしょうか。ご教示をお願いいたします。

まず「念《おも》いの方向性」を固めよう

大川隆法　中学一年生ですか。立派ですね。中学一年生で、そういう質問ができるだけで〝合格〟でしょう。質問した内容で、もう〝合格〟だと思います。

というのは、今の段階というのは、具体論に入るには極《きわ》めて難しい年代であるからです。したがって、「そうした質問を持つ」ということ自体が、今、あなたの言う「繁栄への道」そのものなのです。

要するに、「どうすれば、繁栄への道に入れるか」ということを簡単に言うと、常に、「繁栄への道に入るためには、どうすればよいか」を考えることなのです。

例えば、成功者とは何かというと、「どうすれば成功できるか」ということを考えている人であるわけです。あるいは、お金持ちになりたいのであれば、やはり、「どうすればお金持ちになれるのか」ということを考えて、考え続けることができれば、お金持ちになっていきます。

そのように、事業でも、基本的には、「自分が事業をすることによって、喜んでくれる人をたくさんつくりたい」とか、「多くの人に、もっと便利になったと感じていただきたい」とか、「幸福になっていただきたい」とかいう気持ちがすごく強くて、その気持ちを持続《じぞく》させることができれば、成功するわけです。

したがって、今、大事なことは、まず、「念《おも》いの方向性」を固めること、「自分は、こちらの方向に向けて進んでいきたい」という気持ちに、心を固めることだと思います。

「持続《じぞく》」するなかで培《つちか》った「信頼感《しんらい》」が事業規模を決める

二番目に大事なことは、「持続《じぞく》」ということです。

これは何事においても大事なことで、持続するには「忍耐力《にんたいりょく》」が要《い》ります。やはり、途中《とちゅう》で困難がたくさん出てくるし、その困難のなかで、言い訳をしたくなることがたくさん出てくるからです。〝できない理由〟がたくさんあるのです。

例えば、事業をしようとしたら、「お金が足りない」「協力者が足りない」、あるいは、「仕事のできる人が、たまたま手に入らない」「誰《だれ》それが反対をした」「たまたま景気が悪くなった」など、できない理由はたくさんあります。

そのように、うまくいかない理由はあるのですが、うまくいかない理由がたくさんあるということは、他の人にとっても同じように、それが、うまくいかない理由になるということなのです。その「うまくいかない状況《じょうきょう》のなかで成功する」ということに、実は値打ちがあるわけです。

そこでは、先ほど述べたように「考え方」が大事です。いろいろなマイナスのことがあって厳しいときにも、やはり、それに耐《た》え抜《ぬ》いて、少しでも「明るい光《こう》明《みょう》」を見いだしたら、そこを突破口《とっぱこう》にして、やり抜いていくことが大事でしょう。

その際、天狗《てんぐ》のようになってほしいわけではないのですが、ある意味での「自己信頼《しんらい》」というか、「このくらいまでなら自分はできるという、自分自身への信頼の限度がどこまであるか」ということが大事です。

あるいは、人の上に立つ人というのは、「自分に対する他の人の信頼がどのくらいあるか」ということが、「事業を、どの程度まで大きくできるか」ということに関連します。

要するに、あなたが持っている自信が、「この人にどのくらいまでついていっても大丈夫《だいじょうぶ》か」という、他の人の信頼感をつくり出すわけであり、それがあなたの事業の規模を決めるのです。

そういう意味では、大人になるまでの間にいろいろなことにチャレンジして、「自分はどこまで、自分の言ったことに耐えられるか」ということを試《ため》していってほしいと思います。

「有言実行《ゆうげんじっこう》」――言ったことを現実にやってのけよう

日本では、「不言実行《ふげんじっこう》」という言葉がよいことのように言われています。不言実行というのは、「言わないで実行だけする」ということです。これは確かに立派なことのようにも見えます。しかし、不言実行だったら、結局、「不言」ですから、実行してもしなくても、ほかの人には分からないこともあります。

事業家になりたければ「有言実行《ゆうげん》」です。まず、「有言」、「これだけのことを自分はしてみせる」と言って、次に「実行」、現実にそれをやってのけることです。そして、それに対して、他の人に信頼感を持ってもらうことです。

これができるようになれば、事業家になって、「繁栄への道」を拓《ひら》くことができるでしょう。やはり、言ったことをやってのけられる人に、人はついていくようになります。

もちろん、不言実行のなかには、「徳」として立派なところもあるでしょう。しかし、事業家としては、もう一つ、自分の自信のなさを隠《かく》すこともできます。

したがって、事業家になって「繁栄への道」に入りたいのであれば、有言実行を心掛《こころが》け、「自分はこういうことをする」と言って、そのとおりにやってのける力を見せてください。それを試す機会は、幸福の科学学園の中高の六年間でも、十分にあると思います。

有言実行ができなければ、「彼は口ほどにもない」という批判が、当然出るでしょう。しかし、それを乗り越《こ》えて、「彼がやれると言ったら、やはりやれるのだな」「できると言ったら、本当にできるのだな」と、みなが信用するようになれば、おそらく事業をやってもそのようになると思います。

私からのヒントは以上です。

2　宇宙時代の「リーダーの役割」とは

二〇一六年二月二十八日
栃木《とちぎ》県・幸福の科学学園中学校・高等学校（那須《なす》本校）にて

Q２　六年間、幸福の科学学園で学ばせていただき、いろいろな人たちとの運命的な出会いがありました。本当に感謝しています。ありがとうございます。

今、大川隆法総裁先生は、「宇宙の法」など、さまざまな教えを説いてくださっていますが、自分たちが大人になるときには、きっと、「宇宙の時代」になっていると思います。そして、宇宙との交流が始まったとき、天使には、宇宙人にも主エル・カンターレの教えを弘《ひろ》める役割が必要になると思うのですが、そうした宇宙時代の「天使の役割」というのは、具体的にどのようなものなのかを教えていただければ幸いです（会場笑）。

まもなく、「宇宙に関する真実」が明らかになる時代が来る

大川隆法　いや、これは笑い事ではありません。まさに、これからのテーマでしょう。これから大きなテーマになってくるところだと思います。

ただし、宗教として、ある程度、「信用の確立」と「組織の確立」がないと、なかなか入れないところではあるのです。やはり、教団が小さいうちに「宇宙の法」に入りすぎると、「おかしい」とか、「カルトだ」とか、いろいろ言われます。また、実際に事件を起こしたような団体もあるので、そのあたりを警戒《けいかい》しながら慎重《しんちょう》に進めてきているわけです。

しかし、ある程度、実績が固まってきたら、「教えの内容」や「ほかのところ

で、どの程度合理性のあることを言っているか」を見て、あるいは、「育っている人、運営している人、活動家たち」を見て、教団としておかしくないかどうかを判断する人は、たくさんいるでしょう。

したがって、「宇宙の法」は、新しい時代の扉《とびら》を少しずつ開けながら出していかなければなりません。これは、計算しながら少しずつ出していっているのです。ただ、二〇一五年に、映画「ＵＦＯ学園の秘密」――“The Laws《ザ ローズ》 of《オブ》 The《ザ》 Universe《ユニバース》-Part《パート》 0《ゼロ》”――（製作総指揮・大川隆法）も公開したように、いよいよ扉は開きつつあります。

なお、以前、ＮＨＫが、宇宙人やあの世の霊《れい》などを否定するような番組をつくっていたことがありましたが、民放のほうは、もう完全に蓋《ふた》が開いてきているようです。タネ本が当会の本であることは明かさないものの、そうした「不思議の世界」を公開し始めており、かなり市民権を得つつあると思います。

●以前、ＮＨＫが……　『幻解ファイル＝限界ファウル「それでも超常現象は存在する」』『NHK「幻解！超常ファイル」は本当か―ナビゲーター・栗山千明の守護霊インタビュー―』（共に幸福の科学出版刊）参照。

宇宙に関しては、今後とも、かなり証拠《しょうこ》は積み重なっていくでしょう。

ちなみに、当会の影響《えいきょう》かどうかは分かりませんが、ヒラリー・クリントンさんも、「エリア51の秘密を明らかにしたい」とか、「『宇宙人が来たら、どう防衛すればよいのか』を考えなくてはいけない」などと口走ったりしていました。

いろいろなところから情報が入っているのだろうとは思いますが、いずれにしても、もうすぐ、「隠《かく》されている真実が明らかになる時代」が来るはずです。

「宇宙の世界の見取り図」を少し早めに公開したい

幸福の科学は、それより少し早めに公開していくつもりですが、こちらの方面でも、ある意味でオピニオン・リーダー化しつつあると思います。

例えば、当会の「ザ・リバティ」誌（幸福の科学出版刊）には、山口敏太郎《やまぐちびんたろう》氏という〝その世界〟をお好きな方が出ていますが、最近、テレビにもよく出ているようです。彼は、どうやら、私の高校の十年ぐらい後輩《こうはい》らしく、「あんなに市民権を得てしまっていいのだろうか。彼の宇宙人リーディングをしてみたいな」などと、ときどき思ったりもしているのです（笑）。

ともかく、まずは、「霊的に」、あるいは「サイキック的に」と言うべきなのかもしれませんが、宇宙に関して分かるものがあれば、先に知ってしまったほうが早いことは早いでしょう。それで目安がつけば、探究・探索《たんさく》も効率がよくなるので、その方向で導いていきたいと思います。

日本は、宇宙のほうは少し後《おく》れていますが、おそらく、これから急速に巻き返してくるはずです。「こういうところを探索すれば、こんなものが見つかるかもしれない」というようなことが見えてくれば、目的性が出てくるので、もう少しはっきりと行動が出てくるでしょう。

当会としては、ここも後押《あとお》しをしていると思います。

なお、ＨＳＵには、ＵＦＯを飛ばしたがっている人もいるので、多少時間はかかるとしても、何か考えなくてはいけないのかもしれません。

いずれにしても、政治のほうの活動と、「宇宙の法」への言及《げんきゅう》とを、同時に協力して進めつつ、現実に、「宇宙の世界の見取り図」を、少し早めにオープンにしていこうと思っています。社会的信用を得つつ、オープンにしていきたいということです。

ＨＳＵから「第二のスピルバーグ」が出てきてほしい

「宇宙時代の天使のあり方」についてですが、一つには、「宇宙人リーディングシリーズ」などの経典《きょうてん》が参考になるでしょう。これらは、ほとんど内部経典で出しているもので、「外売りは、まだ少し刺激《しげき》が強すぎる」と考えてあまり出してはいません。ただ、今後は、もう少しはっきりと出せるようになると思います。

また、「宇宙の法」に関しては、映画「UFO学園の秘密」――"The Laws of The Universe - Part 0"――を公開しましたが、すでに、次の「The Laws of The Universe - Part I《ワン》」の製作に入っています。場合によっては、三部作かそのくらいになるかもしれませんが、だんだん未知の情報がたくさん入ってくるでしょう。

ちなみに、「Part 0」の「UFO学園の秘密」あたりで、アメリカのほうは、「どこから情報を取ったのか」と、いろいろなところから訊《き》いてきています。「この情報は、どこから出たのかが分からない。アメリカで取れない情報が、あのなかに入っている。このルーツはどこにあるんだ」というわけです。

そういうこともあるので、あとの作品が公開されていくにつれ、「NASA《ナサ》」(アメリカ航空宇宙局)も「エリア51」も知らない情報が、次々と出てくると思います。そのときに、きっと世界は違《ちが》うように見えてくるでしょう。

その後は、それを学問的にも体系化していかなくてはいけませんが、エンター

●「The Laws of The Universe - Part I」　映画「宇宙の法―黎明編―」(製作総指揮・大川隆法)として2018年10月に公開。

テインメント的には、映画等を通して、世界中の多くの人に知らせることができると思うのです。

そういう意味で、今、私たちは、映像技術といったものも重視しており、HSUの「未来創造学部」のなかに「芸能・クリエーター部門専攻《せんこう》コース」をつくって、そういうかたちでの、姿を変えた伝道もできるようにしたいと考えています。やはり、映像技術を使うと、かなり伝道が進むと思うのです。

例えば、「『項羽《こうう》と劉邦《りゅうほう》』の劉邦が、スピルバーグに生まれ変わっている」というのであれば、〝現在の天下取り〟は少し姿が違うかもしれません。

そのスピルバーグが製作総指揮をした「ジュラシック・ワールド」という映画が公開され、今、DVDにもなっています。これは、みなさんに「観《み》ろ」と言っているわけではありません。しょせん恐竜《きょうりゅう》ものですから、どうということはないのです（会場笑）。

●『項羽と劉邦』の劉邦が……　2014年2月20日に収録した「劉邦の霊言」のなかで、劉邦は自らがスティーヴン・スピルバーグとして現代に転生《てんしょう》していると語っている。『項羽と劉邦の霊言 劉邦編―天下統一の秘術』（幸福の科学出版刊）参照。

ただ、悔《くや》しいのですが、日本円に換算《かんさん》すると、百八十億円ぐらいでつくった映画に、一千八百億円の興行収入があったといいます。つまりは十倍ということで、この程度、〝化《ば》けて〟くれれば悪くはないでしょう。

私としては、いずれ、HSUの未来創造学部からも、「第二のスピルバーグ」「第二のジョージ・ルーカス」といわれるような人が出てきて、伝道とエンターテインメントを兼《か》ねて、世界中を啓蒙《けいもう》してくれるといいなと思っています。書籍《しょせき》だけでは、やや限界があるところもあるので、そうしたことを願っているのです。

教団の足腰《あしこし》を強くして、「宇宙の法」を開示していきたい

やはり、地球系の天使たちも知らない部分があるでしょうから、そうした宇宙情報を少し開示して、まずは「情報の共有」から始めなければいけないと思います。可能性としてはまだまだあるので、これから十年間で、そうとう情報開示を

●「ジュラシック・ワールド」　2015年公開、ユニバーサル・ピクチャーズ。

していけるでしょう。

その半面では、前述したように、教団として〝足腰《あしこし》〟を強くし、「合理性」を強くして、「この世的にもきっちりとしているところ」を見せていかないといけません。そのように、「両輪が要《い》る」と考えています。

これは、「未知との遭遇《そうぐう》」が本当に始まっていく段階なのです。ただ、現時点でも、けっこう信用されているし、今、信頼《しんらい》できる宇宙情報を持っているのは、日本では私ぐらいしかいないでしょう。「幸福の科学から出てきているものが未来だ」と見て、すでにいろいろな業界が動いてもいるので、そうした期待に応《こた》えて、だんだんに開示していこうと思っています。

私たちは、後発ではあるけれども、ある意味では、〝世界のトップランナー〟として走っている面もあるのです。旧宗教も含《ふく》めて、宗教界全体がそうとう信者数を減らしているなかで、一人、気を吐《は》いている状態ではありますが、宗教界のみならず、ほかの世界にまで、できるだけ「幸福の科学的な価値観」を広げていって、「世界の霊性革命」を成し遂《と》げたいと思っています。

そのなかの一つには、「宇宙人の領域」もあるでしょうし、「天使を宇宙レベルに仕上げていく」ということもあるのだと思います。基本的には、今後、「宇宙の法」を開示していくことによって、「宇宙時代の天使の役割を知りたい」というニーズにも応えていきたいと考えているのです。

あるいは、この世的な部分においては、乗り物の開発やいろいろな機械類の開発等が必要になってくることもあるかもしれません。しかし、結論が見えたら、やるべきことは逆算して始めることができます。これは理系的発想としてもそうなのです。そのように、「結論が見える」ということはすごく大事なことなので、そういう点で協力していきたいと思います。

あとは各自で努力してください。

3　自分の人生に自信を持つには

二〇一六年二月二十八日
栃木《とちぎ》県・幸福の科学学園中学校・高等学校（那須《なす》本校）にて

Q3　この世のなかで生きていると、どうしても他人《ひと》と比べてしまい、自分の弱みについて自己卑下《ひげ》に陥《おちい》り、とても苦しんでしまう場合があります。

そこで、「自分の弱みを強みに変え、もっと自分を励《はげ》ましながら生きていくための方法」を改めてお教えいただければと思います。

また、人間は、苦しいときほど、どうしても他人を責めてしまうと思うのですが、そういうときに、『正義の法』（幸福の科学出版刊）の「憎《にく》しみを超《こ》えて、愛を取れ」という副題のとおり、「人を憎むことなく、人を愛せるような器《うつわ》になっていく」ための方法をお教えいただけたらうれしく思います。

自分を「公平に評価」できるようになる努力をしよう

大川隆法　若い時代は、けっこう主観性が強い生き方をしているので、「客観的な自己評価」ができているかどうかは微妙《びみょう》だと思います。

例えば、他人から言われたことを〝強く感じすぎる〟場合があるでしょう。ほめられても、あまり信じられなくて軽く受け流してしまうのに、悪いことを言われると、ものすごく信じてしまって、それを心に刻《きざ》んでしまったりすることがあるのです。

そういう意味で、客観的かどうかについては微妙なところがあると思います。やはり、感受性が強いので、そのように振《ふ》れやすいところがあるのです。

また、宗教の勉強をしていると霊感《れいかん》が強くなることがあるので、人一倍、そう感じやすいこともあるかもしれません。そういう人も一部いるだろうと思います。

私も、青春期はそのような感じでした。ただ、今にして思うと、自分に悪意を持っている人は別として、「自分自身の主観的な自己評価」よりも、「友人、知人等が悪意なしに言ってくれた言葉」のほうが、ある意味では正しかったかなという面が数多くあるのです。

したがって、フェア（公平）に自分の評価ができるようになる努力はしたほうがよいと思います。

特に、若いうちは、他人との比較《ひかく》がすごく強く出るでしょう。「自分より優《すぐ》れた人」がいたらうらやましいし、「勉強ができる人」や「モテる人」、「運動ができる人」を見てもうらやましいわけです。また、美男か美女か、「生まれつき見《み》栄《ば》えがいい人」を見ても、やはりうらやましいはずです。そうしたことは、たくさんあると思います。

そもそも、若いうちは、相手に惹《ひ》かれる場合でも、だいたい自分の正反対のタイプに惹かれやすいものです。そのため、「美女と野獣《やじゅう》」型のカップルができやすいというか、「できないのだけれども、つくろうと努力する」ことも多く、その場合は、たいてい〝破滅《はめつ》型〟に結論が出てくるのです。

もし、「美女と野獣」ということが客観的に分かるのであれば、違《ちが》ってくるでしょう。やはり、〝王子様〟になってから出会えば、話は早いわけです。しかし、王子様になる前の〝野獣のレベル〟で出会うと、なかなか受け入れられないことがあるということです。


一生のうちで五百冊ぐらい、繰《く》り返し読める本を持とう

その意味で、私がお勧《すす》めしたいのは、自己評価が高まるような「自分の強みの

ところを何か耕して、自信を持つこと」です。そうした、「他人にない自信をつけること」がまず大事であろうと思うのです。

例えば、語学のようなもので自信をつけてもよいでしょう。あるいは、「学校の成績が、高校までもうひとつ、大学でももうひとつ」という感じであれば、「読書」をするのがいちばんよいと思います。

というのも、学校の勉強で間に合った場合は、就職等でよいところに行けたりすることが多いのですが、間に合わなかった場合は、読書をすると、けっこう追いつけるからです。自分たちよりも先を進んでいると思う人に追いつき追い越《こ》すのは、やはり、「読書の力」なのです。

私は、「良書を千冊読め」とも言っていますが、別な言い方をすると、「五回以上繰《く》り返して読めるような愛読書を、一生で五百冊ぐらい持て」ということになります。そういう人は、かなりの「教養人」です。そうとうの量の本を読まないかぎり、五百冊ぐらい、繰り返し読める本を持てるようにはなりません。その意味で、「一生のうちで、五百冊ぐらい、繰り返し繰り返し読める本を持つこと」が大事です。

愛読書を持つことが大切な理由は、何度も何度も読んでいるうちに、その作者の考え方や判断の仕方など、いろいろなものが体に染《し》み渡《わた》ってくる、もしくは、入り込《こ》んでくるというところにあります。

そうすると、今までに経験のないような、未知なるシチュエーションに自分が置かれ、「どうしたらいいのだろう」と思ったときに、繰り返し読んだいろいろな本のなかで、尊敬する作家や評論家、あるいは学者などが言っているようなことがピッと出てくるわけです。

何度も繰り返し読んだ内容のなかから、「おそらく、あの人だったら、これはこう判断するだろうな」というものが出てきて、そのときにそういう判断をしていくことで、世の中を渡っていくのが少しずつ上手になっていきます。そうなると、「成功の確率」がだんだん上がってくるのです。

例えば、私も若いころは渡部昇一《わたなべしょういち》先生の影響《えいきょう》をかなり受けました。渡部昇一先生は、上智《じょうち》大学の名誉《めいよ》教授でもありますが（説法《せっぽう》当時。二〇一七年四月十七日に逝去《せいきょ》）、ご本人の言葉によると、「戦後、自分が上智大学に入ったときには、そこは本当に私塾《しじゅく》のようなものでした。大学というよりは塾でした」ということです。また、「学長室のなかで入学式ができた」というのですから、これはＨＳＵのほうがかなり大きいと思います。「学長室のなかで入学式ができた」ということは、「学生がかなり少なかった。少ししかいなかった」ということでしょう。

また、卒業生に偉《えら》い人が全然いないし、就職先も全然よくなかったため、田舎《いなか》に帰ると、「なぜ、そんなところに行ったんだ」と言われるような状態だったらしいのです。

しかし、渡部先生はそこで勉強して頭角を現していき、だんだん活躍《かつやく》の幅《はば》が広がっていきました。今は、あとに続く人も出てきていると思います。一生懸命《いっしょうけんめい》、勉強をして、本を読み、「知の世界」を開いたわけです。

「他の人をほめる習慣」をつけよう

渡部先生を見ていて、もう一つ感じたのは、「人をほめるのが非常に上手な方だ」ということです。他の人に対して、必ずほめるようにしているのです。

普通《ふつう》は、「自分が賢《かしこ》くなった」と思った場合、人をくさしたり、批判したりしやすくなるものでしょう。しかし、人をほめることで、人間が一回り大きくなります。他の人をほめられる人は、人間が大きくなるので、人をほめてあげるとよいのです。

確かに、競《きそ》い合っている関係だと、相手を悪く言うことがあって、アメリカの大統領選あたりまで行っても、候補者同士が相手の批判をしまくっています。それもまた、一つの競争ではあるでしょう。

しかし、人物として大きくなるためには、「他の人をほめる力」をつけるとよいのです。これは、努力で可能になります。

やはり、「人間は、基本的に自分をほめてくれる人が好き」なのです。そういう人とは、友達になりたいし、仲間になりたいと思うわけです。

したがって、他の人と接するときには、「その人のなかにある、よいところはどこなのか。長所は何なのか」ということを見て、それをさりげなく言ってあげるとよいでしょう。いやらしく言わずに、さりげなく言ってあげるような努力をしていると、だんだん友達も増えていきます。そして、今度は逆に、自分が人から認められるようになってきて、自信が出てくるのです。

そのように、「他の人をほめる習慣」をつけると同時に、「読書等で自分自身を鍛《きた》えて、中身をつくっていく習慣」をつけることです。この二つをやっていけば、きっと「本物の人物」になっていくでしょう。

ただ、それは、それほど急がなくてもよいと思います。十年単位ぐらいで考えてやっていけば、必ず道は開けるはずです。

「幸福の科学 大学シリーズ」を読み、「発奮《はっぷん》」すること

なお、私の本もたくさん出ていますから、スプリングボード（踏み切り板）の部分はすでにあるでしょう。

例えば、大学関係、ＨＳＵのものでも、九十冊以上は本が出ています（幸福の科学 大学シリーズ）。もちろん、ものによっては難しく感じるものもあるかもしれません。ただ、それでも、普通の「大学の教科書」のように書いてあるものに

比べると、語り下ろしているものがほとんどなので、分かりやすいと思います。

したがって、それを読むなり、それに出ているものや関連するものを読むなりして、「自分の関心のある領域」を広げていくとよいのではないでしょうか。そのようにすれば、強みは出せると思うのです。

それと、もう一つは「発奮《はっぷん》する」ことでしょう。人間は、やはり、どこかで発奮しなければ、もう一段、上には上がれません。

今までと同じでよしとするのではなく、その〝弱気の虫〟を退治したかったら、発奮するこ

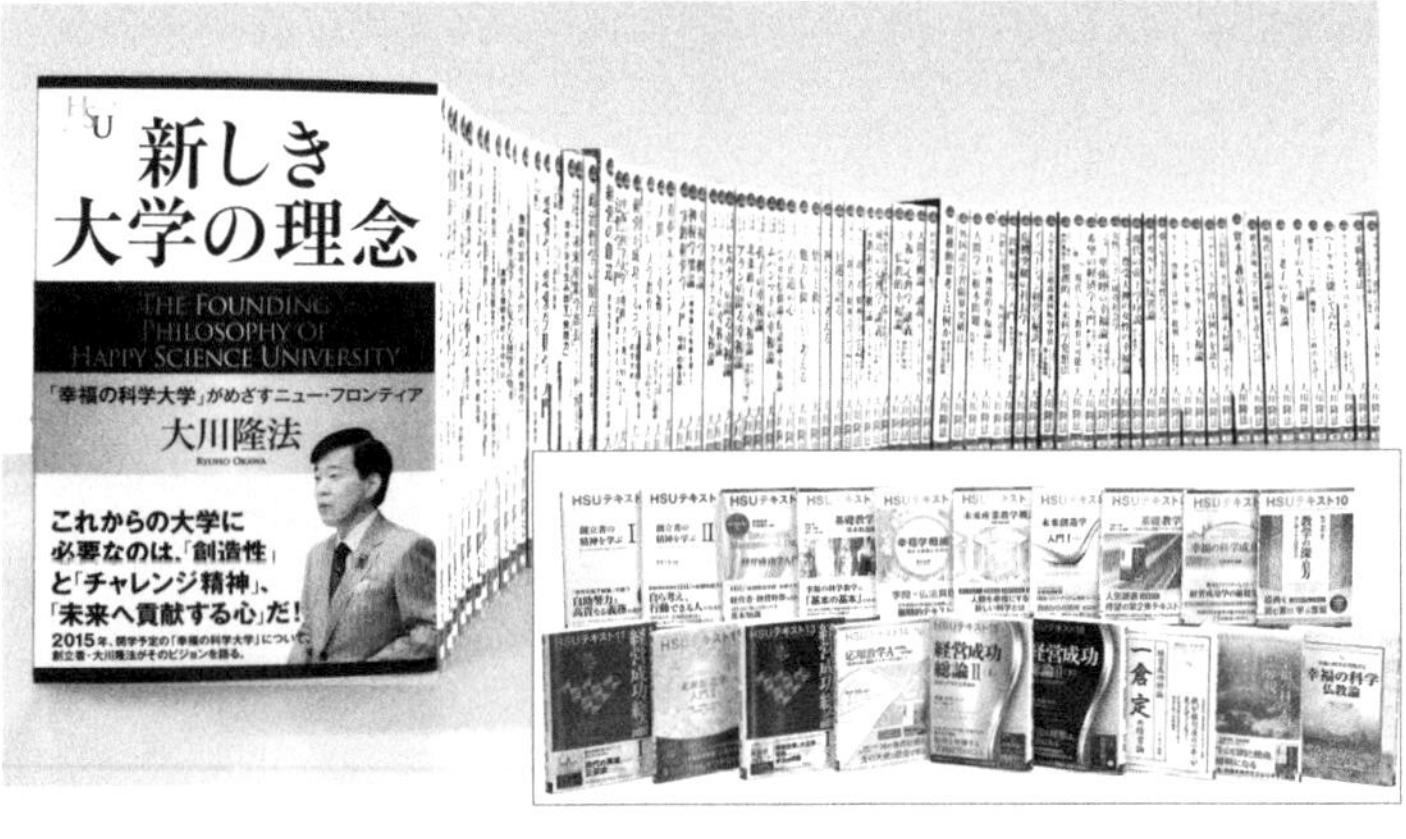

幸福の科学大学シリーズやHSU出版会から出版されている書籍群。

とです。また、発奮するには、「志《こころざし》を立てる」ことです。大きなことを成し遂《と》げようと思ったら、「志」を持ってください。そうすれば発奮できるのです。

そして、発奮すれば、必ず十倍の力が出てきます。あなたは十倍の力が出せるようになるのです。十倍の力を持ったあなたは、さらにまた、その先を目指すことができるようになります。

したがって、発奮してください。それが「未来への道」です。

これを、今日の最後の言葉としたいと思います。

あとがき

強く思い、希望し、その願いを持続《じぞく》し続けた者には、必ず未来を開く鍵が与えられる。しかし、まだ飛べないヒナの時代には、自制心《じせいしん》、忍耐力、粘《ねば》る力、そして友情が必要だ。そして自分の受けた教育の中から、最善のものを吸収し、両親や先生方、育てて下さった数多くの人たちに、感謝し、礼儀《れいぎ》正しい大人になることだ。

世の中には、唯物論《ゆいぶつろん》とエセ科学に満ちた学問が横行《おうこう》している。神も仏も忘れて、人間が動物や機械のようになり、人生はこの世限りだと考える人たちにあふれている。

しかし、私は言う。ただ、ただ、真実のみを見つめ、追い求めよ。世の中に不足している善意《ぜんい》を創出《そうしゅつ》し、あなたを取り巻く世界が「美《び》」に満ちていることを悟《さと》れ。

慢心《まんしん》せず、天狗《てんぐ》にならず、利他《りた》の思いを持ち続けよ。決して大人の世界をなめるな。自己愛が自己中心主義にならず、世界愛へと成長していく姿をこそ望め。

二〇二〇年　五月十五日

幸福《こうふく》の科学学園創立者《かがくがくえんそうりつしゃ》

幸福《こうふく》の科学《かがく》グループ創始者兼総裁《そうししゃけんそうさい》　大川隆法《おおかわりゅうほう》

『世界に羽ばたく大鷲を目指して』関連書籍

『太陽の法』（大川隆法 著　幸福の科学出版刊）

『正義の法』（同右）

『真のエリートを目指して』（同右）

『幻解ファイル＝限界ファウル「それでも超常現象は存在する」』（同右）

『ＮＨＫ「幻解！超常ファイル」は本当か
――ナビゲーター・栗山千明の守護霊インタビュー――』（同右）

『項羽と劉邦の霊言　劉邦編――天下統一の秘術』（同右）

世界《せかい》に羽《は》ばたく大鷲《おおわし》を目指《めざ》して

――日本と世界のリーダーを育てる教育――

2020年5月29日　初版第1刷

著　者　　大《おお》川《かわ》隆《りゅう》法《ほう》

発行所　幸福の科学出版株式会社

〒107-0052 東京都港区赤坂2丁目10番8号

TEL(03)5573-7700

https://www.irhpress.co.jp/

印刷・製本　株式会社 堀内印刷所

落丁・乱丁本はおとりかえいたします

ISBN978-4-8233-0182-7 C0037

カバー Porcupen/Shutterstock.com

カバー，表紙 Vector Tradition/Shutterstock.com

装丁・イラスト・写真（上記・パブリックドメインを除く）© 幸福の科学

大川隆法ベストセラーズ・幸福の科学が目指す教育

真のエリートを目指して

努力に勝《まさ》る天才なし

幸福の科学学園で説かれた法話を収録。「勉強する者にとって大切な態度」「勉強と運動を両立させる秘訣」など、未来を拓く心構えや勉強法が満載。

1,400円

夢は叶う

生徒が伸びる、個性が輝く「幸福の科学学園」の教育

「学力」「徳力」「創造力」──。この学園から、日本の教育が変わる！ 2010年に創立した「幸福の科学学園」の数々の実績と魅力がこの一冊に。

1,500円

道なき道を歩め

未来へ貢献する心

未来文明の源流となる学校・HSU。英語や人間関係力、経営成功法などを学び、世界に羽ばたく人材へ──。2018年度卒業式の法話も収録。【HSU出版会刊】

1,500円

幸福の科学学園の未来型教育

「徳ある英才」の輩出を目指して

幸福の科学学園の大きな志と、素晴らしい実績について、創立者が校長たちと語りあった──。未来型教育の理想がここにある。

1,400円

※表示価格は本体価格(税別)です。

大川隆法ベストセラーズ・理想の教育を目指して

教育の法

信仰と実学の間で

深刻ないじめ問題の実態と解決法や、尊敬される教師の条件、親が信頼できる学校のあり方など、教育を再生させる方法が示される。

1,800円

教育の使命

世界をリードする人材の輩出を

わかりやすい切り口で、幸福の科学の教育思想が語られた一書。いじめ問題や、教育荒廃に対する最終的な答えが、ここにある。

1,800円

心を育てる「徳」の教育

受験秀才の意外な弱点を分かりやすく解説。チャレンジ精神、自制心、創造性など、わが子に本当の幸福と成功をもたらす「徳」の育て方が明らかに。

1,500円

父と娘のハッピー対談
未来をひらく教育論

大川隆法　大川咲也加　共著

時代が求める国際感覚や実践的勉強法など、教養きらめく対話がはずむ。世代を超えて語り合う、教育のあり方。

1,200円

幸福の科学出版

大川隆法シリーズ・**最新刊**

源《みなもとの》頼《らい》光《こう》の霊言

鬼退治・天狗妖怪対策を語る

鬼・天狗・妖怪・妖魔は、姿形を変えて現代にも存在する――。大江山の鬼退治伝説のヒーローが、1000年のときを超えて、邪悪な存在から身を護る極意を伝授。

1,400円

信仰と情熱

プロ伝道者の条件

多くの人を救う光となるために――。普遍性と永遠性のある「情熱の書」、仏道修行者として生きていく上で「不可欠のガイドブック」が、ここに待望の復刻。

1,700円

ローマ教皇
フランシスコ守護霊の霊言

コロナ・パンデミックによる
バチカンの苦悶を語る

世界で新型コロナ感染が猛威を振るうなか、バチカンの最高指導者の本心に迫る。救済力の限界への苦悩や、イエス・キリストとの見解の相違が明らかに。

1,400円

天照大神《あまてらすおおみかみ》の御本心《ごほんしん》

「地球神」の霊流を引く
「太陽の女神」の憂いと願い

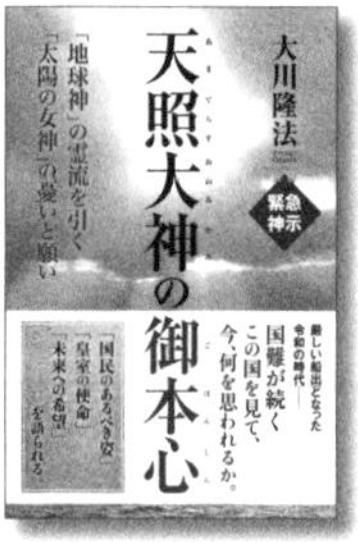

「太陽の女神」天照大神による、コロナ・パンデミックとその後についての霊言。国難が続く令和における、国民のあるべき姿、日本の果たすべき役割とは？

1,400円

※表示価格は本体価格（税別）です。

モナコ国際映画祭2020
最優秀作品賞
(エンジェル・トロフィー賞)
モナコ国際映画祭2020
最優秀VFX賞
最優秀主演女優賞
最優秀助演女優賞
最優秀長編物語賞
最優秀原作賞
最優秀長編作品賞
最優秀主演女優賞
最優秀オリジナル脚本賞
ヒューストン
国際映画祭2020
長編ファンタジー・ホラー部門
ゴールド賞
最優秀作品賞
最優秀助演女優賞
最優秀長編作品賞
最優秀オリジナルソング賞
最優秀長編作品賞
最優秀脚本賞
最優秀ポスター賞
最優秀長編作品賞
心の闇を、打ち破る。
心霊喫茶
「エクストラ」の秘密
—THE REAL EXORCIST—
製作総指揮・原作／大川隆法
千眼美子
伊良子未來 希島凛 日向丈 長谷川奈央 大浦龍宇一 芦川よしみ 折井あゆみ
監督／小田正鏡 脚本／大川咲也加 音楽／水澤有一 製作／幸福の科学出版 製作協力／ARI Production ニュースター・プロダクション
制作プロダクション／ジャンゴフィルム 配給／日活 配給協力／東京テアトル ©2020 IRH Press cafe-extra.jp
大ヒット上映中

1991年7月15日、東京ドーム。
人類史を変える「歴史的瞬間」が誕生した。
――これは、映画を超えた真実。
夜明けを信じて。
2020年秋 ROADSHOW
製作総指揮・原作 大川隆法
田中宏明 千眼美子 長谷川奈央 芦川よしみ 石橋保
監督／赤羽博 音楽／水澤有一 脚本／大川咲也加 製作／幸福の科学出版 製作協力／ARI Production ニュースター・プロダクション
制作プロダクション／ジャンゴフィルム 配給／日活 配給協力／東京テアトル ©2020 IRH Press

Welcome to Happy Science!

幸福の科学グループ紹介

「一人ひとりを幸福にし、世界を明るく照らしたい」──。その理想を目指し、
幸福の科学グループは宗教を根本《こんぽん》にしながら、幅広い分野で活動を続けています。

宗教活動

幸福の科学【happy-science.jp】
- 支部活動【map.happy-science.jp（支部・精舎へのアクセス）】
- 精舎（研修施設）での研修・祈願【shoja-irh.jp】
- 学生部【03-5457-1773】
- 青年部【03-6277-3176】
- 百歳まで生きる会（シニア層対象）
- シニア・プラン21（生涯現役人生の実現）【03-6384-0778】
- 幸福結婚相談所【happy-science.jp/activities/group/happy-wedding】
- 来世幸福園（霊園）

来世幸福セレモニー株式会社【03-6384-3769】

社会貢献

ヘレンの会（障害者の活動支援）【helen-hs.net】
自殺防止活動【withyou-hs.net】
一般財団法人
「いじめから子供を守ろうネットワーク」【03-5544-8989】
「リバースの会」（犯罪更生者支援）

国際事業

Happy Science 海外法人
【happy-science.org（英語版）】【hans.happy-science.org（中国語簡体字版）】

教育事業

学校法人 幸福の科学学園
- 中学校・高等学校（那須本校）【happy-science.ac.jp】
- 関西中学校・高等学校（関西校）【kansai.happy-science.ac.jp】

宗教教育機関ほか
- 仏法真理塾「サクセスNo.1」（信仰教育と学業修行）【03-5750-0751】
- エンゼルプランV（未就学児信仰教育）【03-5750-0757】
- ネバー・マインド（不登校児支援）【hs-nevermind.org】
- 一般社団法人
  ユー・アー・エンゼル！運動（障害児支援）【you-are-angel.org】

高等宗教研究機関
- ハッピー・サイエンス・ユニバーシティ（HSU）
  【happy-science.university】

政治活動

幸福実現党【hr-party.jp】
- <機関紙>「幸福実現党NEWS」
- <出版> 書籍・DVDなどの発刊

HS政経塾【hs-seikei.happy-science.jp】

出版事業

幸福の科学の内部向け経典の発刊

幸福の科学の月刊小冊子【info.happy-science.jp/magazine】

幸福の科学出版株式会社【irhpress.co.jp】
- 書籍・CD・DVD・BDなどの発刊
- <映画>「心霊喫茶『エクストラ』の秘密 ―The Real Exorcist―」【cafe-extra.jp】など
- <オピニオン誌>「ザ・リバティ」【the-liberty.com】
- <女性誌>「アー・ユー・ハッピー?」【are-you-happy.com】
- <書店> ブックスフューチャー【booksfuture.com】
- <広告代理店> 株式会社メディア・フューチャー

メディア関連事業

メディア文化事業
- <ネット番組>「THE FACT」【youtube.com/user/theFACTtvChannel】
- <ラジオ>「天使のモーニングコール」【tenshi-call.com】

スター養成部（芸能人材の育成）【03-5793-1773】

ニュースター・プロダクション株式会社【newstarpro.co.jp】

ARI Production株式会社【aripro.co.jp】

入会のご案内

幸福の科学では、大川隆法総裁が説く仏法真理《ぶっぽうしんり》をもとに、「どうすれば幸福になれるのか、また、他の人を幸福にできるのか」を学び、実践しています。

入会

ネットで入会

仏法真理を学んでみたい方へ

大川隆法総裁の教えを信じ、学ぼうとする方なら、どなたでも入会できます。入会された方には、『入会版「正心法語《しょうしんほうご》」』が授与されます。

三帰《さんき》誓願《せいがん》

信仰をさらに深めたい方へ

仏弟子としてさらに信仰を深めたい方は、仏《ぶっ》・法《ぽう》・僧《そう》の三宝《さんぽう》への帰依を誓う「三帰誓願式」を受けることができます。三帰誓願者には、『仏説・正心法語』『祈願文《きがんもん》①』『祈願文②』『エル・カンターレへの祈り』が授与されます。

幸福の科学 サービスセンター
TEL 03-5793-1727
（受付時間/火～金:10～20時 土・日祝:10～18時（月曜を除く））

幸福の科学 公式サイト
happy-science.jp

学部のご案内

人間幸福学部

人間学を学び、新時代を切り拓くリーダーとなる

人間の本質と真実の幸福について深く探究し、
高い語学力や国際教養を身につけ、人類の幸福に貢献する
新時代のリーダーを目指します。

※2019年4月より国際人養成短期課程を新設しています。(2年制)

経営成功学部

企業や国家の繁栄を実現する、起業家精神あふれる人材となる

企業と社会を繁栄に導くビジネスリーダー・真理経営者や、
国家と世界の発展に貢献する
起業家精神あふれる人材を輩出します。

未来産業学部

新文明の源流を創造するチャレンジャーとなる

未来産業の基礎となる理系科目を幅広く修得し、
新たな産業を起こす創造力と起業家精神を磨き、
未来文明の源流を開拓します。

※2年制の短期特進課程も並設しています。

未来創造学部

時代を変え、未来を創る主役となる

政治家やジャーナリスト、ライター、俳優・タレントなどのスター、
映画監督・脚本家などのクリエーターを目指し、国家や世界の発展、
幸福化に貢献できるマクロ的影響力を持った徳ある人材を育てます。

※キャンパスは東京都江東区(東西線東陽町駅近く)の「HSU未来創造・東京キャンパス」がメインとなります(4年制の1年次は千葉です)。
※2年制の短期特進課程も並設しています。

幸福の科学学園
中学校・高等学校（那須本校）

幸福の科学学園（那須本校）は、幸福の科学の教育理念のもとにつくられた、男女共学、全寮制の中学校・高等学校です。自由闊達な校風のもと、「高度な知性」と「徳育」を融合させ、社会に貢献するリーダーの養成を目指しており、2020年4月に開校10周年を迎えました。

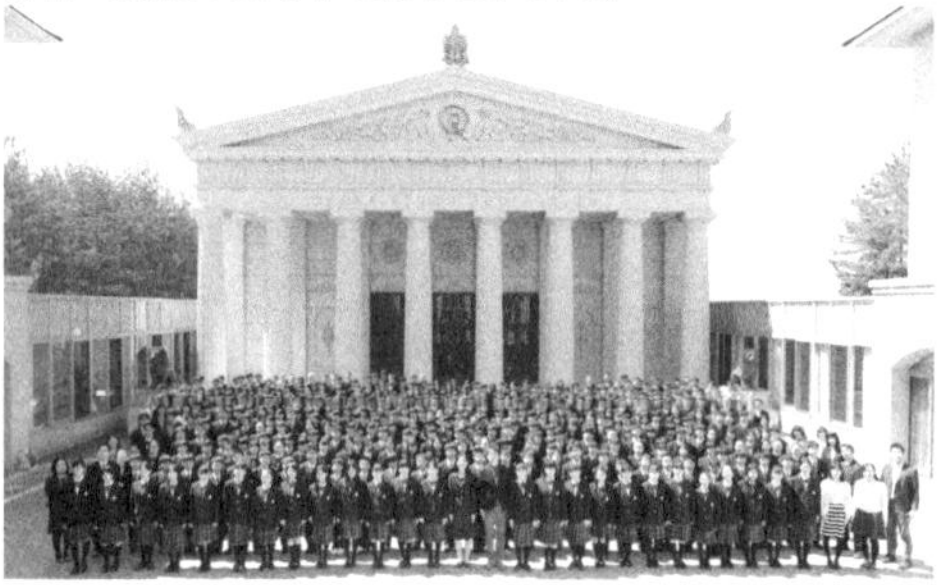

幸福の科学学園
関西中学校・高等学校（関西校）

美しい琵琶湖の西岸に建つ幸福の科学学園（関西校）は、男女共学、通学も入寮も可能な中学校・高等学校です。発展・繁栄を校風とし、宗教教育や企業家教育を通して、学力と企業家精神、徳力を備えた、未来の世界に責任を持つ「世界のリーダー」を輩出することを目指しています。

幸福の科学学園・教育の特色

「徳ある英才」の創造

教科「宗教」で真理を学び、行事や部活動、寮を含めた学校生活全体で実修して、ノーブレス・オブリージ(高貴なる義務)を果たす「徳ある英才」を育てていきます。

体育祭

天分を伸ばす「創造性教育」

教科「探究創造」で、偉人学習に力を入れると共に、日本文化や国際コミュニケーションなどの教養教育を施すことで、各自が自分の使命・理想像を発見できるよう導きます。さらに高大連携教育で、知識のみならず、知識の応用能力も磨き、企業家精神も養成します。芸術面にも力を入れます。

探究創造科発表会

一人ひとりの進度に合わせた「きめ細やかな進学指導」

熱意溢れる上質の授業をベースに、一人ひとりの強みと弱みを分析して対策を立てます。強みを伸ばす「特別講習」や、弱点を分かるところまでさかのぼって克服する「補講」や「個別指導」で、第一志望に合格する進学指導を実現します。

授業の様子

自立心と友情を育てる「寮制」

寮は、真なる自立を促し、信じ合える仲間をつくる場です。親元を離れ、団体生活を送ることで、縦・横の関係を学び、力強い自立心と友情、社会性を養います。

毎朝夕のお祈りの時間

幸福の科学学園の進学指導

1 英数重視授業

受験に大切な英語と数学を特に重視。「わかる」（解法理解）まで教え、「できる」（解法応用）、「点がとれる」（スピード訓練）まで繰り返し演習しながら、高校二年からの文理別科目も余裕で仕上げられる効率的学習設計です。

授業の様子

2 習熟度別授業

英語・数学は、中学一年から習熟度別クラス編成による授業を実施。生徒のレベルに応じてきめ細やかに指導します。各教科ごとに作成された学習計画と、合格までのロードマップに基づいて、大学受験に向けた学力強化を図ります。

3 基礎力強化の補講と個別指導

基礎レベルの強化が必要な生徒には、放課後や夕食後の時間に、英数中心の補講を実施。特に数学においては、授業の中で行われる確認テストで合格に満たない場合は、できるまで徹底した補講を行います。さらに、カフェテリアなどでの質疑対応の形で個別指導も行います。

4 特別講習

夏期・冬期の休業中には、希望制で特別講習を実施。中学生は国・数・英の三教科を中心に、高校一年からは五教科でそれぞれ実力別に分けた講座を開講し、実力養成を図ります。高校二年からは、春期講習会も実施し、大学受験に向けて、より強化します。

詳しい内容、パンフレット、募集要項のお申し込みは下記まで。

「エンゼルプランV」

信仰に基づいて、幼児の心を豊かに育む情操教育を行っています。また、知育や創造活動を通して、ひとりひとりの子どもの個性を大切に伸ばし、天使に育てる幼児教室です。お母さんたちの心の交流の場ともなっています。

TEL 03-5750-0757
FAX 03-5750-0767
メール angel-plan-v@kofuku-no-kagaku.or.jp

仏法真理塾「サクセスNo.1」

全国に本校・拠点・支部校を展開する、幸福の科学による信仰教育の機関です。小学生・中学生・高校生を対象に、信仰教育・徳育にウエイトを置きつつ、将来、社会人として活躍するための学力養成にも力を注いでいます。

【東京本校】
TEL 03-5750-0751
FAX 03-5750-0752
メール info@success.irh.jp

「ユー・アー・エンゼル!（あなたは天使！）運動」

障害児の不安や悩みに取り組み、ご両親を励まし、勇気づける、障害児支援のボランティア運動です。学生や経験豊富なボランティアを中心に、全国各地で、集いや各種イベントを行っています。保護者向けには、交流会や、講演・セミナー・子育て相談を行っています。

一般社団法人 ユー・アー・エンゼル
TEL 03-6426-7797
FAX 03-5750-0734
メール you.are.angel.japan@gmail.com

不登校児支援スクール「ネバー・マインド」

幸福の科学グループの不登校児支援スクールです。「信仰教育」と「学業修行」を柱に、合宿をはじめとするさまざまなプログラムで、再登校へのチャレンジと、生活リズムの改善、心の通う仲間づくりを応援します。

TEL 03-5750-1741
FAX 03-5750-0734
メール nevermind@happy-science.org

大川隆法　講演会のご案内

大川隆法総裁の講演会が全国各地で開催されています。講演のなかでは、毎回、「世界教師」としての立場から、幸福な人生を生きるための心の教えをはじめ、世界各地で起きている宗教対立、紛争、国際政治や経済といった時事問題に対する指針など、日本と世界がさらなる繁栄の未来を実現するための道筋が示されています。

2019年12月17日 さいたまスーパーアリーナ「新しき繁栄の時代へ」

2019年10月6日 ザ ウェスティン ハーバーキャッスル トロント(カナダ)「The Reason We Are Here」

2019年7月5日 福岡国際センター「人生に自信を持て」

2019年3月3日 グランド ハイアット 台北(台湾)「愛は憎しみを超えて」

2019年7月13日 ホテル イースト21 東京「幸福への論点」

講演会には、どなたでもご参加いただけます。最新の講演会の開催情報はこちらへ。⟹ 大川隆法総裁公式サイト https://ryuho-okawa.org